高等学校计算机专业教材精选·算法与程序设计

C语言编程ING

——人人都能学会程序设计

马瑞强 安兴亚 萨智海 编著

清华大学出版社
北京

内容简介

本书共分为12章、7个附录，在全面介绍C语言入门、数据类型、基本输入输出、条件和循环控制、数组、函数、指针、结构体、文件等基础知识的基础上，介绍了C语言的算法、实验项目；附录中罗列了C语言与嵌入式产品开发、几种常见C语言编译环境、编译环境安装调度、安卓C/C++编译器、实用ASCII码、机试系统PC2的安装与使用等内容，另外，还附了适量的习题和期末考试模拟试题，并配套了参考答案。

本书适合作为大、中专院校的信息类学生、研究生的程序设计基础教材，同时可供IT企业以C语言为开发工具的程序员参考。

图书在版编目(CIP)数据

C语言编程ING：人人都能学会程序设计/马瑞强，安兴亚，萨智海编著. --北京：清华大学出版社，2016

高等学校计算机专业教材精选·算法与程序设计

ISBN 978-7-302-42825-1

Ⅰ. ①C…　Ⅱ. ①马…　②安…　③萨…　Ⅲ. ①C语言－程序设计－高等学校－教材　Ⅳ. ①TP312

中国版本图书馆CIP数据核字(2016)第028562号

责任编辑：张　玥　薛　阳
封面设计：傅瑞学
责任校对：李建庄
责任印制：刘海龙

出版发行：清华大学出版社
网　址：http://www.tup.com.cn，http://www.wqbook.com
地　址：北京清华大学学研大厦A座　　邮　编：100084
社 总 机：010-62770175　　邮　购：010-62786544
投稿与读者服务：010-62776969，c-service@tup.tsinghua.edu.cn
质量反馈：010-62772015，zhiliang@tup.tsinghua.edu.cn
课件下载：http://www.tup.com.cn，010-62795954
印 装 者：北京国马印刷厂
经　销：全国新华书店
开　本：185mm×260mm　　**印　张**：14　　**字　数**：349千字
版　次：2016年4月第1版　　**印　次**：2016年4月第1次印刷
印　数：1～2000
定　价：29.50元

产品编号：067853-01

前　言

在大学的教学过程中,C语言难学的呼声不绝于耳。当步入工作岗位,利用C语言做开发时,却很少听到C语言难以掌握的声音,而且个个都显得游刃有余。为何?结合本人六年多的开发经验,认为C语言之所以难学,是因为存在以下几个问题:

(1) 对于初学者来讲,不知C语言为何物,即不懂原理;

(2) 无法理解什么是程序,怎么设计;

(3) 从开始学习,对DEBUG就抵触。

本教材将帮助读者逐个解决这些问题。从解释型语言与编译型语言入手,使读者明白并非仅有VC++才可以编写C语言程序,C语言Windows环境安装与产品开发时环境设置在本书中均有涉及;C语言基础语法知识在本教材中变成了小例题演示,适量实验将强化相关基础知识。单列章节“算法”,升华了C语言程序设计高度,到此程度是顺理成章的事情;根据兴趣,又网罗了安卓C/C++编译器、薪水最高嵌入式系统工程师必备宝典——嵌入式与C语言知识,进一步激发学生探求知识的兴趣;最终适当辅以习题,以备战应试;附录中还阐述了机试软件工具PC2的安装与使用,便于学生进行自测和知识拓展。

纵观全书,深入浅出、图文并茂,便于理解,可以较好地解决上述存在的三个问题。

初稿收官在即,惊悉表姐突发疾病、英年早逝,扼腕痛惜、随笔以纪念。

马瑞强　谨识

乙未年10月9日晓　于新宅

目　录

第 1 章　C 语言入门 …… 1
1.1　C 语言简史 …… 1
1.2　C 语言特征 …… 1
1.2.1　结构化程序设计语言 …… 1
1.2.2　“低水准”的高级语言 …… 1
1.2.3　拥有丰富的数据类型 …… 2
1.2.4　紧凑的语言设计 …… 2
1.2.5　模块化的函数 …… 2
1.2.6　高移植性 …… 2
1.2.7　C 语言格式 …… 2
1.3　C 语言程序设计必备基础知识 …… 3
1.3.1　程序设计时涉及的文件 …… 3
1.3.2　程序编辑时的代码书写习惯 …… 4
1.3.3　常用快捷键 …… 4
1.3.4　光标控制快捷键 …… 5
1.3.5　特殊键 …… 5
1.3.6　鼠标动作 …… 6
1.3.7　程序运行功能键 …… 6
1.3.8　注释 …… 6
1.3.9　常用 DOS 命令 …… 6
1.3.10　文本文件 …… 8
1.3.11　绝对路径与相对路径 …… 9

第 2 章　程序设计基础与数据类型 …… 11
2.1　最简单 C 语言程序格式说明 …… 11
2.2　基本数据类型 …… 12
2.2.1　char 型数据存储范围 …… 13
2.2.2　数据类型的长度 …… 13
2.3　常量与变量 …… 14
2.3.1　常量 …… 14
2.3.2　变量 …… 14
2.3.3　保留字 …… 14
2.3.4　变量的输出方法 …… 14

2.4 运算符……………………………………………………………………………… 15
2.4.1 算术运算 ……………………………………………………………… 15
2.4.2 自增/自减运算…………………………………………………………… 15
2.4.3 复合赋值运算 …………………………………………………………… 15
2.4.4 逻辑运算 ……………………………………………………………… 15
2.4.5 关系运算 ……………………………………………………………… 16

第3章 标准输入输出 ……………………………………………………………… 18
3.1 标准输入…………………………………………………………………………… 18
3.1.1 scanf()函数 …………………………………………………………… 19
3.1.2 getchar()函数 ………………………………………………………… 20
3.2 标准输出…………………………………………………………………………… 21
3.2.1 printf()函数…………………………………………………………… 21
3.2.2 putchar()函数 ………………………………………………………… 23
3.3 顺序结构程序设计……………………………………………………………… 23

第4章 程序控制 ……………………………………………………………………… 25
4.1 分支一：条件控制 if …………………………………………………………… 25
4.1.1 if 语句 ………………………………………………………………… 25
4.1.2 if…else 嵌套语句……………………………………………………… 25
4.2 分支二：层次控制 switch 语句 ……………………………………………… 30
4.3 循环一：循环次数确定的 for 语句 …………………………………………… 31
4.4 循环二：附加条件循环 while 语句 …………………………………………… 33
4.4.1 while 语句 …………………………………………………………… 33
4.4.2 do…while 语句 ………………………………………………………… 34
4.5 其他控制语句……………………………………………………………………… 36
4.5.1 goto：跳转语句 ………………………………………………………… 36
4.5.2 continue：跳转到控制语句尾…………………………………………… 37
4.5.3 break：跳出控制语句 …………………………………………………… 38

第5章 数组 …………………………………………………………………………… 42
5.1 一维数组…………………………………………………………………………… 42
5.1.1 一维数组的定义 ………………………………………………………… 42
5.1.2 一维数组的应用 ………………………………………………………… 43
5.2 字符数组与字符串………………………………………………………………… 45
5.2.1 char 型数组的定义 ……………………………………………………… 45
5.2.2 字符串的定义 …………………………………………………………… 45
5.2.3 字符数组与字符串的区别 ……………………………………………… 45
5.3 字符串函数………………………………………………………………………… 49

5.3.1 strlen()：求字符串长度函数 …… 49
5.3.2 strcpy(字符串数组名,代入字符串)：字符串复制函数 …… 49
5.3.3 strncpy(str，"Cha"，2)：字符串定长复制函数 …… 49
5.3.4 strcmp(Str1,Str2)：字符串比较函数 …… 50
5.3.5 strcat(str1，str2)：字符串连接函数 …… 50
5.3.6 memset()：内存初始化函数 …… 50
5.3.7 memcpy()：内存复制函数 …… 50
5.4 二维数组 …… 51
5.4.1 二维数组的定义 …… 51
5.4.2 二维数组的应用 …… 52

第6章 函数 …… 56
6.1 函数预备知识 …… 56
6.1.1 函数格式 …… 56
6.1.2 main 函数 …… 56
6.2 函数的结构 …… 56
6.3 自定义函数 …… 57
6.3.1 函数定义 …… 57
6.3.2 函数调用方法 …… 58
6.4 变量的范围 …… 63

第7章 指针 …… 66
7.1 变量的地址及大小 …… 66
7.2 指针基础知识 …… 68
7.3 指针的简单应用 …… 69
7.4 指针传递变量 …… 76
7.5 程序运行时的参数应用 …… 80

第8章 结构体 …… 82
8.1 结构体简介 …… 82
8.1.1 结构 …… 82
8.1.2 声明-定义-参照 …… 82
8.1.3 结构体的 typedef 定义法 …… 85
8.1.4 结构体嵌套 …… 85
8.2 结构体指针 …… 87
8.3 共用体 …… 88
8.4 枚举体 …… 90

第 9 章　文件的输入输出 …… 92
9.1　文件操作基础 …… 92
9.1.1　C 语言程序对文件的处理 …… 92
9.1.2　文本文件的处理模式 …… 92
9.1.3　二进制文件的处理模式 …… 92
9.1.4　文件打开/关闭 …… 92
9.2　对文件的读/写 …… 93
9.2.1　逐字符读/写 …… 93
9.2.2　指定字数的字符串读/写 …… 97
9.3　二进制文件的读/写操作 …… 99
9.3.1　二进制文件 …… 99
9.3.2　二进制文件的读/写操作 …… 100

第 10 章　程序设计拓展知识 …… 103
10.1　宏定义 …… 103
10.1.1　格式一：常量定义 …… 103
10.1.2　格式二：条件编译 …… 104
10.2　自定义头文件的声明 …… 105
10.3　变量的有效范围 …… 107

第 11 章　基本算法 …… 110
11.1　递归 …… 110
11.2　排序 …… 114
11.2.1　冒泡排序 …… 114
11.2.2　选择排序 …… 115
11.3　检索 …… 118
11.4　数据结构 …… 121
11.4.1　栈 …… 121
11.4.2　队列 …… 122
11.4.3　链表 …… 124

第 12 章　实验项目 …… 126
实验 1　熟悉 C 语言编程环境 …… 126
实验 2　选择结构程序设计 …… 127
实验 3　循环结构程序设计 …… 129
实验 4　数组与字符串的应用 …… 130
实验 5　函数的应用 …… 132
实验 6　指针的应用 …… 133
实验 7　结构体、共用体的应用 …… 135

实验 8　文件的应用 …… 137

附录 …… 139
附录 A　C 语言与嵌入式系统开发 …… 139
附录 B　C 语言编译环境 …… 146
附录 C　ASCII 码表 …… 154
附录 D　练习题及参考答案 …… 158
附录 E　期末考试全真模拟试题及参考答案 …… 195
附录 F　机试工具——PC2 的安装与使用 …… 200

参考文献 …… 214

第1章　C语言入门

1.1　C语言简史

C语言是1972年，美国AT&T贝尔实验室的丹尼斯·里奇(Dennis M. Ritchie)设计的。他的目的是在小型计算机操作系统(Operating System，OS)UNIX上开发适应性强的语言。C语言的前身是1970年，Ken Thompson开发的B语言，B语言也同样是在UNIX系统中开发设计，由BCPL改良而来。

最初，OS开发采用的C语言，是基于UNIX系统平台下开发各种应用程序(Application)的。不仅在微型计算机系统，面向工作站(Workstation)、大型计算机系统的C编译也被开发出来。而且，各编译新功能不断追加，导致设计存在混乱，出现编译错误现象。于是，1989年年底，ANSI(American National Standards Institute，美国国家标准学会)重新认定了规则。于1990年，制定了ISO(International Organization for Standardization，国际标准化组织)标准。

如果说，史蒂夫·保罗·乔布斯(Steve Paul Jobs)是可视化产品中的国王，那么里奇就是不可见王国中的君主。艾萨克·牛顿(Isaac Newton)说他是站在巨人的肩膀上，如今，我们正是站在里奇的肩膀上。

1.2　C语言特征

由1.1所述的C语言简历为背景展开并小结，C语言具备以下几个特征。

1.2.1　结构化程序设计语言

结构化程序设计语言的重要特征是遵循自上而下的代码执行顺序规则，可是，诸如跳转功能程序设计结构，它不符合程序化设计理念，不属于结构化语言的特点。

C语言拥有多个分支和反复运行功能的语句，完全可以满足各种基本程序设计需求，以实现结构化程序设计。

1.2.2　“低水准”的高级语言

C语言最初是用来开发操作系统的一种语言。之前除了汇编语言之外，其他语言是无法实现直接控制计算机硬件的。

高级语言(High-level Programming Language)，是相对于机器语言而言的。高级语言指程序容易编写，也有较好的可读性。故C语言是一种“低水准”高级语言。

由于早期计算机业的发展源于美国，因此一般的高级语言都是以英语为蓝本的。

1.2.3　拥有丰富的数据类型

C 语言除了字符、数字以外，还拥有指针功能。特别是借助 C 语言的数组、结构体、共用体，可以实现对各种类型数据的灵活操作。

1.2.4　紧凑的语言设计

C 语言的输入、输出以及数组整体复制功能不仅限于语言设计，采用函数也可实现，故 C 编译的语言设计非常紧凑。

1.2.5　模块化的函数

C 语言是以函数的形式描述，待解决的问题可细化为小的模块，这样可以设计出高效的程序。

1.2.6　高移植性

用 C 语言设计的程序，除了个别依赖硬件的操作系统之外，几乎无需更改，可以自由移植到其他硬件上稳定运行，具有很好的移植性。

1.2.7　C 语言格式

下面是一个比较完整的 C 语言简单程序。为了给读者形成感性认识，在此先大致说明一下。程序各大块结构含义如其右方的标注解释。此处先有一个泛泛的了解，后面会详细阐述。

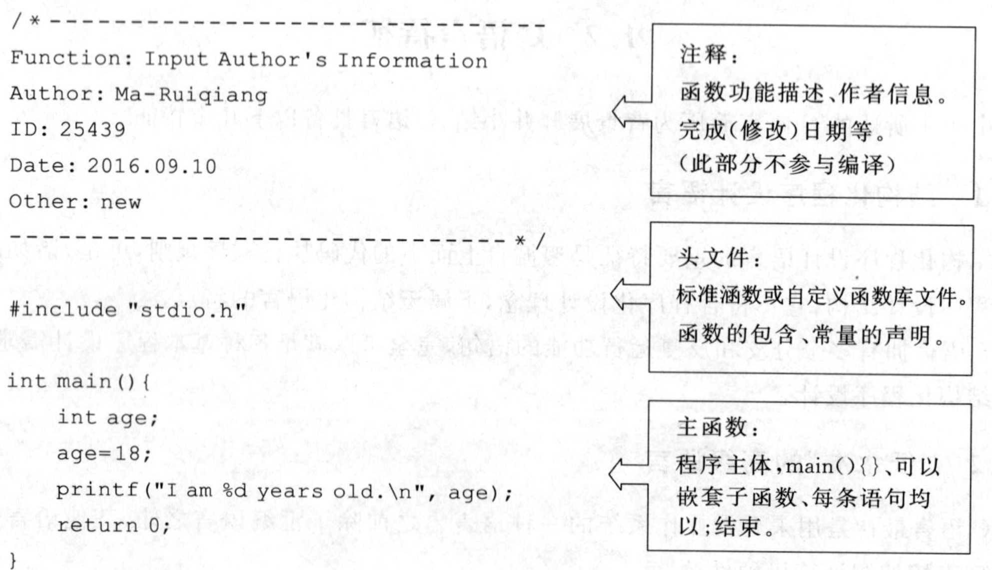

```
/*---------------------------------
Function: Input Author's Information
Author: Ma-Ruiqiang
ID: 25439
Date: 2016.09.10
Other: new
---------------------------------*/

#include "stdio.h"

int main(){
    int age;
    age=18;
    printf("I am %d years old.\n", age);
    return 0;
}
```

1.3　C 语言程序设计必备基础知识

1.3.1　程序设计时涉及的文件

1. *.c、*.cpp 文件

以 c 和 cpp 为扩展名的文件是 C 语言的源程序文件。cpp 是特指在 C++ 环境中编写程序时，默认的源程序文件扩展名。通常的 C 语言编译器，默认源程序文件扩展名为 c。在程序的编译、链接和运行过程中，cpp 和 c 无差别。

源程序：通过编程工具软件（如 VC++）所编写的代码。

源程序文件：源程序的代码保存后所形成的以 c 或 cpp 为扩展名的文件。

2. *.obj 文件

以 obj 为扩展名的文件是目标文件，目标文件是在 C 语言编译（Compiler）后自动生成的机器语言文件。“编译”是 C 语言从源程序到运行必经的两步骤之一，由 C 语言编译环境自动完成。

3. *.exe 文件

以 exe 为扩展名的文件是可执行文件。编译之后还须通过链接（Link），在 obj 中链接库文件后生成可执行文件，可以脱离 C 语言环境而单独运行。“链接”是 C 语言从源程序到运行必经的两步骤之二，也是由 C 语言编译环境自动完成。

4. 程序调试应用

在程序调试（Debug）出现不可预测错误时，可以粗略断定，源程序在前次的编译、链接结果被系统误认为是本次的而未参与再编译、链接，故删除已存在的 *.obj 和 *.exe 两个文件，重新编译，错误排除的几率比较大。

如图 1-1 所示的 C 语言文件三个主文件名相同、扩展名不同，即文件类型不同。

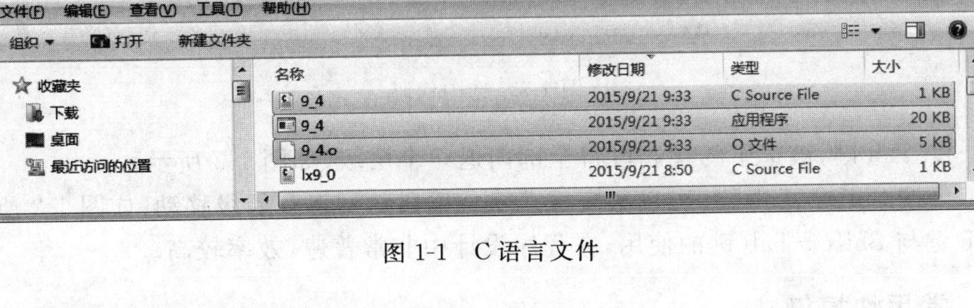

图 1-1　C 语言文件

资源管理器中显示文件图标的说明如下。

：表示 C 语言源程序文件（.c），可编辑。常见编辑器有 Visual C++ 6.0、Borland C、Turbo C、C-Free 等。

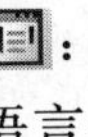

：表示 C 语言源程序在编译时，自动生成的目标文件（.obj）。

：表示编译后，再链接，所生成的可执行文件（.exe）。可执行文件一旦生成，便可脱离 C 语言编译环境，在任何操作系统下运行，即所谓的可移植性。

1.3.2 程序编辑时的代码书写习惯

1. 括弧成对录入

在C语言代码输入过程中，C语言的语句中所涉及的括弧，最好是先成对录入，然后再往其中填写所需要的内容。忌讳输入左括弧，接着输入语句，最后再输入右括弧。因为C语言程序设计过程中，一个功能完整的模块，涉及括弧的嵌套现象非常普遍，究竟哪个左括弧对应其后的哪个右括弧呢？书写过程中出现混乱的现象比较常见，而且许多错误是由于嵌套关系不正确导致的。

2. 层级区分书写

为了增加代码的可读性，根据代码的所属不同，务必按层级方式书写。通常采用按Tab键实现光标输入位置的移动，避免使用空格键分层。但是如果光标移动过多了，还可以使用Shift+Tab键，使光标回退。Shift+Tab键与Tab键是互逆的关系。

Tab键与Shift+Tab键的批量移动与回退操作，演示步骤如下。

(1) 选中欲内退一层的代码段(如图1-2所示的背景代码段)。

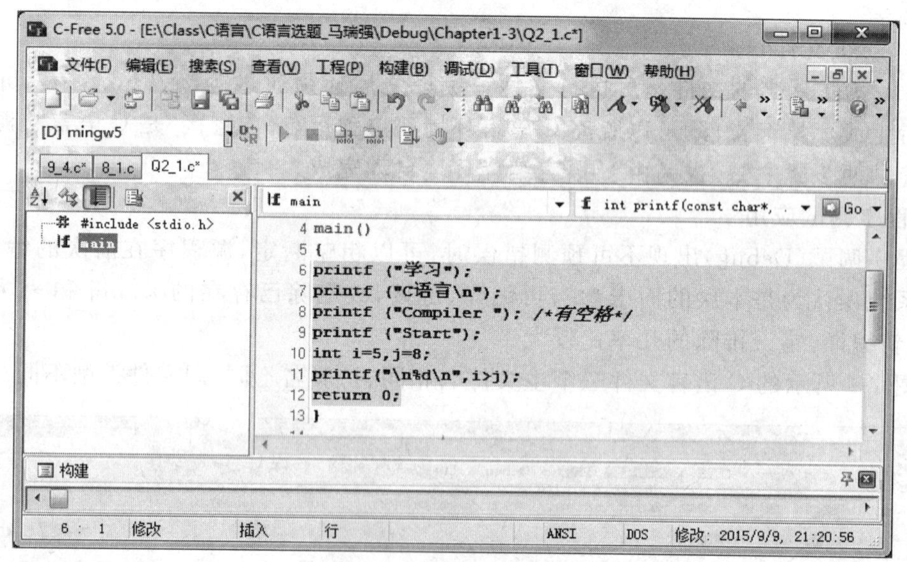

图1-2 选中代码

(2) 按Tab键，被选中的代码段将全部内退一个层级(如图1-3所示)。

(3) 再按Shift+Tab键，可以实现被选中代码段的回退一层级移动(如图1-2所示)。

Tab键与Shift+Tab键的使用，在程序设计中非常普遍，效率较高。

1.3.3 常用快捷键

在C语言编译系统中，尽管可以很方便地使用编辑器提供的菜单，简单单击鼠标，轻松完成操作。但是，一些常用的快捷键如果能够记忆熟练并使用，可以提高编程效率。

经常使用的快捷键有如下几个。

Ctrl+S(Save，保存)：保存当前编辑窗口中的一个当前文档。

Ctrl+A(All，全部选中)：选中当前编辑器中的全部文本。

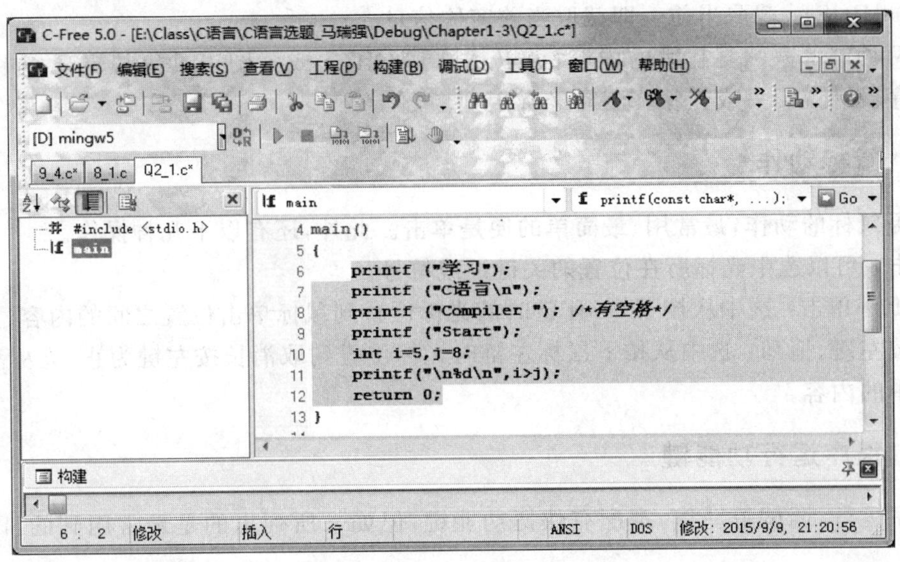

图 1-3 选中代码统一退格

Ctrl+C(Copy,复制):复制被选中的文本信息。

Ctrl+V(Paste,粘贴):将被复制的文本信息粘贴到光标处。

Ctrl+Z(恢复):恢复文本编辑操作到当前状态的前一个状态。

Ctrl+Y(反恢复):与 Ctrl+Z 的作用恰恰相反。

1.3.4 光标控制快捷键

如同 1.3.3 节中的常用快捷键,专门针对光标控制的快捷键也常被用到。特别是在嵌入式系统开发中,文本编辑器窗口简单,鼠标操作尽管可以,但效率明显低下,且容易产生误操作,快捷键如若应用自如,事半功倍。

常用光标控制快捷键有以下 4 种。

(1) Home(到当前行行首):编辑窗口中的光标,移动到当前行的行首。

(2) End(到当前行行尾):编辑窗口中的光标,移动到当前行的行尾。

(3) Ctrl+Home(到编辑窗口首):编辑窗口中的光标,移动到当前文档的最开始位置。

(4) Ctrl+End(到编辑窗口尾):编辑窗口中的光标,移动到当前文档的最末尾位置。

1.3.5 特殊键

此外,还有个别特殊的功能键,在程序设计或编写设计书时用得比较多。

Insert:插入/改写切换键。在输入代码时,尽可能使用插入模式。

Num Lock:小键盘数字锁定键。小键盘的键位是数字与方位共用,通过 Num Lock 键来切换其使用方式。方位包括 PgUp、PgDn、Home、End、↑、↓、→、←8 个。

Shift:上档键。Shift+键位,配合使用,适用于键位上标有两个字符的键。使用上档键,输入的是键位上所显示的两个字符中靠上边的那个字符。

PrtSc:屏幕截图复制(Hard Copy)。截取全部操作,即截取计算机显示器显示的全部信息。

Alt＋PrtSc：截取当前。即截取当前窗体信息。

此两种屏幕截图复制后的内容，可以粘贴到 Office 或画图工具等编辑环境中待用，在编写程序设计说明书或互相交流时经常用到。

1.3.6 鼠标动作

一提鼠标的动作，最常用、最简单的便是单击。此外，还有以下几种操作。

双击：可以选中光标所在位置的关键词或符号。

Shift＋单击：选中从按下 Shift 键时的光标位置到鼠标单击位置之间的内容(文本)。

长按左键、拖动：选中从按下鼠标左键时光标位置到取消长按左键为止、光标移动过程中所选中的内容。

1.3.7 程序运行功能键

程序运行、调试等动作，都配有快捷功能键，但如下所列出的是最常用到的，以 VC++ 为例。

Ctrl＋F5：程序运行(Do)。

F5：调试程序时的单步执行(Step)。

注：可能因编译系统不同而异。

1.3.8 注释

C 语言的注释，是指为了使程序更具有可读性，人为加入说明性文字，而且绝大多数 C 语言编译系统支持汉字。注释只是说明而已，不参与程序的编译、运行等任何动作。

C 语言程序中，注释有两种，如下，…表示被注释掉的具体语句内容。

1. // …

双斜杠，其后的内容被注释，不参与源程序的编译。

2. /* … */

斜杠和星号组合间的内容被注释，不参与源程序的编译。

1.3.9 常用 DOS 命令

目前，最流行的操作系统要数微软的 Windows 系统了，它是基于 DOS(Disk Operating System)的、文件管理方便、小巧灵活、外设支持良好的一款操作系统，曾经占领过个人计算机操作系统领域的大部分。如今，当 Windows 系统出现故障时，依然要使用 DOS 系统命令来操作。

DOS 命令分为内部命令和外部命令。内部命令可以直接运行，外部命令相当于执行一个独立的可执行文件(EXE)。

常用内部命令罗列如下：

DIR：显示文件和目录(文件夹)的信息。

例如：DIR/P

功能：分屏显示当前目录中的文件和目录。

P 表示 Page 的意思。如果文件或目录内容太多，计算机屏幕一屏不足以显示全部信息时，采用分屏方式，按任意键将显示下一屏信息，直到显示完毕。

MD：建立目录。

例如：MD IES

功能：创建一个名为 IES 的目录。

RD：删除目录。

例如：RD IES

功能：删除一个名为 IES 的目录(当前目录为 IES 的上一级目录)。

CD：进入指定目录。

例如：CD IES

功能：进入 IES 目录。

COPY：复制文件。

例如：COPY lx2_1.c lx2_2.c

功能：将文件 lx2_1.c 复制成 lx2_2.c。最终 lx2_1.c 和 lx2_2.c 都存在。

DEL：删除一个或多个文件。

例 1：DEL lx2_1.c

功能 1：删除 lx2_1.c 文件。

例 2：DEL *.c

功能：删除当前目录下所有的.c 文件。

REN：更改文件名。

例如：REN lx2_1.c lx2_2.c

功能：将文件 lx2_1.c 更名为 lx2_2.c。最终 lx2_1.c 变成了 lx2_2.c，要区别于 COPY 命令。

TYPE：显示文本文件。

例如：TYPE lx2_1.c

功能：显示文本文件 lx2_1.c 的具体内容。如果文件不是文本文件，将显示乱码。

CLS：清除屏幕显示，仅保留 DOS 提示符。

EXIT：退出 DOS 系统环境。

DOS 操作系统命令的使用环境如图 1-4 所示，它是通过 Windows 系统的“附件”，打开“命令提示符”来使用的；使用时，字母大小写都是可以的，如 dir 与 DIR 是等价的。

命令名/?：DOS 操作系统的命令帮助功能。其作用是列出待查 DOS 命令的全部功能和说明。

如图 1-4 所示，在 DOS 命令提示符 C:\Users\Lenovo>下，输入“del/?”后按回车键，便显示出了删除命令 DEL 的所有用法及解释，非常方便，便于自学。

↑、↓：调用 DOS 历史记录命令。利用上、下箭头，在 DOS 提示符输入状态下，可以调出曾使用过的 DOS 命令，有重复操作时，省去了相同命令字符输入的烦琐步骤。但是，如果 DOS 操作系统环境一旦被重新启动后，曾使用过的命令将不再保留，也无法调出了。

Tab 键：命令自动补足。在 DOS 提示符下，如果进入 C 盘的 my documents 目录，一般操作是在 C:\>后输入 cd my documents 命令。如果 C 盘中只有一个以 my 开头的目录时，就可以使用 Tab 键的自动补齐功能，输入 cd my，按 Tab 键，系统自动将目录补齐，成为 cd

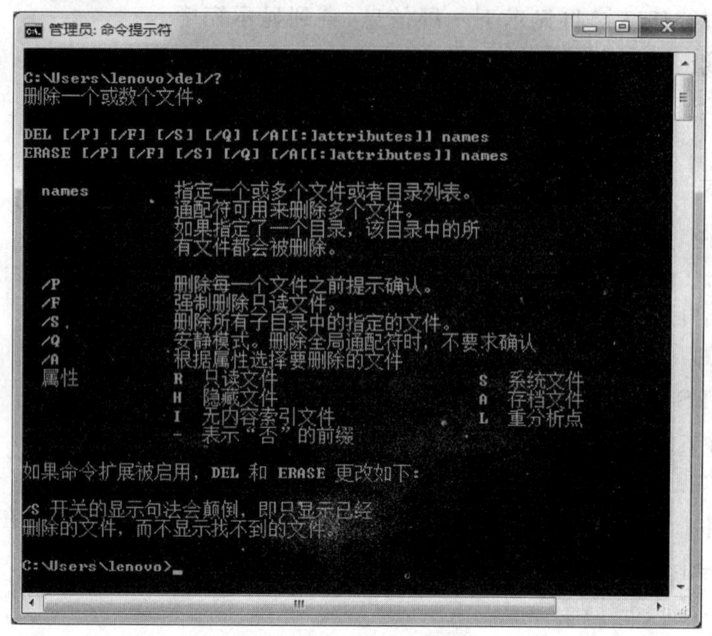

图 1-4　DOS 命令的帮助功能演示

my documents，回车即可。非常方便，还不易出错。

1.3.10　文本文件

文本文件是计算机文件的一种，以文本方式（ASCII 码方式）存储。文件的扩展名通常是 txt。有关文本文件的详细知识，在文件一章中将专门讲解。

以 c 和 cpp 为扩展名的文件是 C 语言源程序文件，它们也是文本文件。其实，所有计算机高级语言的源程序文件都是文本文件。换言之，源码即为文本。

文本文件是可以用 DOS 操作系统的内部命令 type 来显示其内容的。

1. 记事本

如图 1-5 所示，记事本是 Windows 操作系统自带的小工具，是一款最简单的文本编辑器，功能单一。

lx1_2 - 记事本

文件(F)　编辑(E)　格式(O)　查看(V)　帮助(H)

```
#include "stdio.h"
main(){
        int i,j,k;
        for (j=1;j<=3;j++){
                for (k=1;k<j;k++){
                        printf(" ");
                }
                for (i=1;i<=5;i++){
                        printf("*");
                }
                printf("\n");
        }
        return 0;
}
```

图 1-5　简易编译器

2. 文本编辑器

文本编辑器多如牛毛，形式各样，而且大部分是免费的。小到个人，大到跨国公司，都在使用。文本编辑器短小精悍、操作方便、设置灵活、功能强大，代码可读性强。一款好的编辑器是编程利器。特别是日本工程师开发的编辑器性能相对稳定，而且在嵌入式产品开发职场被广泛使用。

如图 1-6 所示为一款文本编辑器。

E:\Class\C语言\lx1_2.c - Notepad++ [Administrator]

File Edit Search View Encoding Language Settings Macro Run Plugins Window ?

```
#include "stdio.h"
main(){
    int i,j,k;
    for (j=1;j<=3;j++){
        for (k=1;k<j;k++){
            printf(" ");
        }
        for (i=1;i<=5;i++){
            printf("*");
        }
        printf("\n");
    }
    return 0;
}
```

length : 190 Ln : 1 Col : 1 Sel : 0 | 0 Dos\Windows ANSI INS

图 1-6 升级版编译器

3. DOS 命令执行环境

DOS 命令操作窗口如图 1-7 所示。

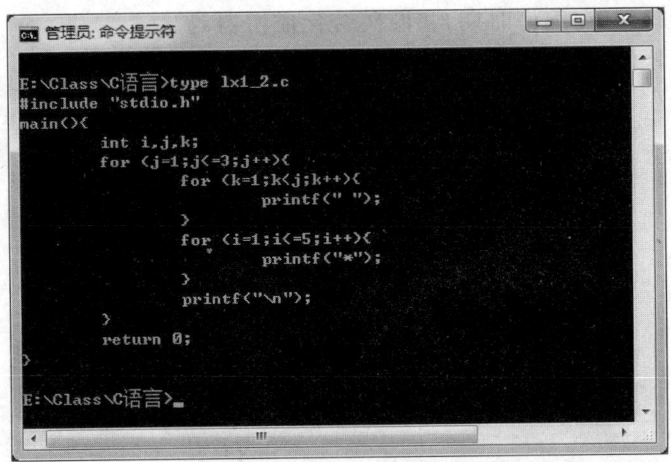

图 1-7 DOS 命令操作窗口

1.3.11 绝对路径与相对路径

计算机中各类文件众多，有的是系统的，有的是安装软件复制进去的，有的是用户自己制作的，例如，C语言源程序文件。对于众多文件的管理，有必要引入一个概念，即路径。

路径(Path)：顾名思义，是指位置，即文件或文件夹(旧称目录)所处的位置。

绝对路径：从盘符开始的路径。如 E:\Program Files\User\Notepad++。

相对路径：从当前路径开始的路径。假如当前路径为 E:\Program Files，要描述上述路径，只需输入 User\Notepad++。

接下来，实战一道填空题，以检测读者对"什么是C语言"的掌握程度。

问题　计算机程序

阅读下列有关程序语言的短文，并填空。

计算机程序是用程序语言来书写的。C语言是程序语言的一种，是计算机可以理解的语言，即近似于__①__语言的书写方式来实现。

程序语言可分为__②__型语言和__③__型语言两种类型。程序员利用编程语言编写成源码，再将其交给__③__器，转换成__①__码，然后就可以在计算机上执行；有些语言不需要__③__器，而在执行时由__②__器一边翻译一边执行。

C语言是__③__型语言。

答案

① 机器(Machine)

② 解释(Interpreter)

③ 编译(Compiler)

解说

Perl、PHP是解释型语言；C语言、Java、BASIC是编译型语言，编译生成的文件可独立运行。

解释型语言的缺陷是每次执行都要再次翻译，效率低；优点是可以跨平台。

注意

编译器是一种软件，在编译时期，将源码转化成机器码。

解释器是一种软件，在执行时期，将源码转化成机器码。

第 2 章　程序设计基础与数据类型

2.1　最简单 C 语言程序格式说明

下面是一个简单的 C 语言程序雏形，对应程序的每一部分，在语句后均附了注释，如下。

```
#include<stdio.h>            //stdio.h 是系统提供的头文件，其中包含有关 I/O 函数的信息
                             //命令行必须用#号开头，后面不能加分号";"
main(){                      //主函数名必须是 main，其后是一对圆括号，且括号内容可为空
    处理语句;                 //函数主体语句
    return 0;                //表示程序终止
}                            //主函数结束
```

问题 1　C 语言程序的执行结果

下面是一个完整的 C 语言程序，请读出其运行结果。

```
#include<stdio.h>

main(){
    printf("学习");
    printf("C 语言\n");
    printf("Compiler ");     /* Compiler 后面有一个空格 */
    printf("Start");
    return 0;
}
```

答案

程序运行结果：

```
学习C语言
Compiler Start请按任意键继续. . .
```

解说

C 语言程序由函数组成，每个 C 程序有且仅有一个主函数，该主函数的函数名由各编译系统规定为 main，或是由一个 main 函数和若干个子函数组成(后续讲解)。

C 程序的执行总是从主函数 main 开始，并在主函数结束时终止运行。

C 程序的每条语句后必须以“;”作为语句的结束。复合语句要以一对{}括起来。

源码中所有的字母、字符、空格等，全部为半角且小写(特殊含义的除外)，但注释中的内容不受此约束。

注意

printf 是具有输出字符串功能的标准函数，在 stdio. h 中已经定义完毕。

例如，printf("C 语言\n ")；函数(俗称语句)，输出格式是用" "来表示的；\n 表示换行。

要想使用 printf()函数，头文件务必书写为：

```
#include<stdio.h>
```

问题 2　代码查错

指出下列 C 语言程序中的错误。

```
#include<stdio.h>;
main() {
    printf("C 语言 Compiler
                        Start");
    return 0
}
```

答案

错误有 4 处：

(1) ＃include＜stdio. h＞；语句后面的"；"是多余的。

(2) main 误用为全角字符。

(3) printf 函数中使用了换行。

(4) return 0 的后面缺少"；"。

解说

程序基本上是用半角书写的(printf 函数的内容除外)。

一个处理完毕后务必加"；"。

printf 函数的换行位置需要注意，如下是正确的换行格式：

```
printf
    ("C 语言 Compiler Start");
```

注意

为了程序的可读性，有时会在代码间插入空行，若此空行为全角空格，编译会出错。

2.2　基本数据类型

数据有一个非常重要的特征，即数据的类型。数据类型不仅确定了变量的取值范围、占内存空间大小，而且还确定了变量所能参加的各种运算方式。

C 语言的主要数据类型的详细信息如表 2-1 所示。

表 2-1　主要基本数据类型

数据的种类	数据类型	占用字节数(长度)	科学记数法表达的数值范围
数值(整数)	int	4	－2,147,483,648～2,147,483,647 即 $-2^{31}\sim2^{31}-1$
数值(实数)	float	4	7 位有效数字
数值(实数)	double	8	16 位有效数字
字符(一个)	char	1	－128～127

说明：数据的基本类型远多于此 4 类，用到时查阅手册，很好理解。

float 和 double 型，由于进制转换误差，而导致实数在内存中存储存在误差。

2.2.1 char 型数据存储范围

并非任意写的某个字符，程序都能识别。例如，σ、π 在编译环境中就不被识别。目前，大多数编译系统采用 ASCII 字符集，其中包括以下几种字符。

(1) 英文字母：大写字母 A～Z，小写字母 a～z。

(2) 数字：0～9。

(3) 运算符等专门符号：+－ */\=><. ^()！& ?|{}～[]#%等。

(4) 空格符：Space(空格)、Tab、换行符、制表符、换页符等。

(5) 不能显示字符：null(空，\0)、退格(\b)等。

总之，ASCII 字符集中的符号，是可以参照的字符型(char 型)数据。

字符是按照整数形式存储的，例如字符 a，对应二进制和十进制的值分别如下，其实在内存中存放的是整数，而非字母本身。

'a'　←　1100001(二进制)＝97(十进制)

97 处于－128～127 的范围之内。

2.2.2 数据类型的长度

如表 2-1 所示的数据类型占用字节数，是可以用 C 语言运算符测出来的，即 sizeof。如：printf("%d",sizeof(int));//答案：4，即占 4 个字节，俗称长度为 4。

%d：以整数方式输出。

sizeof()：是 C 语言的运算符之一，作用是返回数据类型的长度值。

问题 3　数据类型判别

请说明下列数据的类型是什么。

(1) a＝4148

(2) b＝'b'

(3) c＝1234567.89

(4) d＝3.14

答案

结果：

(1) int

(2) char 或 int

(3) double

(4) float 或 double

解说

所有的 char 型均可按 int 型声明。

若有效数字在 7 位或以内，都可以用 float 或 double 两种类型声明，不同点是 double 型要占用较大的内存空间，有时会很浪费。

注意

类型声明讲求实用原则，够用足矣，如(4)中定义成 float 就足够了。

因系统不同，可能存在同一种数据类型占用内存的空间大小而异的现象。遇到时能够分析就行了，没有必要刻意去精确记忆。

2.3 常量与变量

2.3.1 常量

常量，即值不能被改变的量。

具体数值：4148、'b'、1234567.89、3.14 属于常量。

或被定义：＃define AGE 20(注：常量名 AGE 通常大写)。

define 是专门定义常量的语句，常量定义是在＃include 之后进行的。例如，在本例中的常量 AGE 一旦被定义，在程序中只要碰到 AGE，其值就是确定的，即为 20。这样设计的优点就是当 AGE 值发生变化时，只需要修改定义时的一处便可实现，而没有必要更改程序中各处用到的所有 AGE。

2.3.2 变量

变量，即值可以被改变的量。

例如，age=18；中的 age。

变量名由字母、数字、_(下划线)组成，但不能是保留字。

例如，i，j，k，temp，sum，age，aver2，my_cn 等均可以作为变量名，不过一般定义变量的时候，所起的变量名应尽可能表达所代表的数的含义。但是，2.3.3 节中所列出的保留字是绝对不可以用作变量名来使用的。

2.3.3 保留字

保留字 Reserved word 也称关键字。它是由程序语言的规范来决定的，而非人为定义。对于变量名、函数名，保留字是禁用的。

C 语言中的保留字如下。

auto	break	case	char	const	continue	default	do
double	else	enum	extern	float	for	goto	if
int	long	register	return	short	signed	sizeof	static
struct	switch	typedef	union	unsigned	void	volatile	while

2.3.4 变量的输出方法

变量的输出是通过标准输出函数来实现的，printf 是标准输出函数的一种。各种常用数据类型输出格式如表 2-2 所示。

表 2-2 主要数据类型输出格式

类　　型	声明	输出	printf()例
数值(整数)	int	"%d"	printf("%d",a);
数值(实数)	float	"%f"	printf("%f",d);
数值(实数)	double	"%lf"	printf("%lf",c);
字符(一个)	char	"%c"	printf("%c",b);
字符串(String)	char[]	"%s"	printf("%s",str);

2.4 运 算 符

C语言的基本运算符包括算术、自增/自减、复合赋值、逻辑、关系、位等,现就常见运算逐一介绍。

2.4.1 算术运算

C语言的算术运算一共有5种,可以应用到数值或数值型变量的运算。

+	加	i+j	21	(int i=15;int j=6;下同)
-	减	i-j	9	
*	乘	i*j	90	
/	整除	i/j	2	
%	求余(取模)	i%j	3	

2.4.2 自增/自减运算

C语言中的自增运算和自减运算各有一个,这两种运算仅限整型(int型)变量,即:

++(increment):int型变量的值加1。

--(decrement):int型变量的值减1。

i++、i--:变量i的值先被使用后,再自加/减1。先用后加/减。

++i、--i:变量i的值先自加/减1后,再被使用。先用后减/加。

2.4.3 复合赋值运算

复合赋值运算的运算过程,是将运算符两端数据运算结果赋值。

+=	加、赋值	i+=j		i=i+j	21(int i=15;int j=6;下同)
-=	减、赋值	i-=j		i=i-j	9
*=	乘、赋值	i*=j	⇒	i=i*j	90
/=	整除、赋值	i/=j		i=i/j	2
%=	求余、赋值	i%=j		i=i%j	3

2.4.4 逻辑运算

逻辑运算的结果值有两种,真或假(True/False,在C语言中也是有具体值的,即1/0)。

运算符可分为与(&&)、或(‖)、非(!)三种。

&&：与(and)，如 a&&b，若 a、b 全真，则表达式整体为真；否则为假。

‖：或(or)，如 a‖b，若 a、b 全假，则表达式整体为假；否则为真。

!：非(not)，如!a，若 a 真，则表达式整体为假；若 a 假，则表达式整体为真。

针对参与逻辑运算的一个或多个式子，如 a‖b，其运算结果如表 2-3 所示。

表 2-3　真值表

a	b	a&&b	a‖b	!a
T	T	T	T	F
T	F	F	T	F
F	T	F	T	T
F	F	F	F	T

在同一个式子里，同时出现这三种逻辑运算时，其逻辑运算符优先级依次是：

!　＞　&&　＞　‖

not　　and　　or

记忆：采用“not at all”(中文意思为“决不”)巧记。

2.4.5　关系运算

关系运算用于表示运算符两端变量或表达式的大小关系，运算符有 6 种，与数学中的关系运算相似，分为大于、小于、大于等于、小于等于、等于、不等于。但是，各个运算符号的写法与数学运算符号略有不同，因为只能采用 ASCII 中的字母组合，区分一目了然。

这 6 种关系运算符中，其运算优先级也是不一样的，基本分为以下两大类。

1. 同等优先级(高)

<：<(小于)

<=：≤(小于等于)

>：>(大于)

>=：≥(大于等于)

2. 同等级相同(低)

==：=(等于)

!=：≠(不等于)

运算优先级顺序(高⇒低)：

括弧()⇒自增减(++、--)⇒乘除(*、/、%)⇒加减(+、-)⇒关系(<、<=、>、>=)⇒关系(==、!=)⇒或(!)⇒与(&&)⇒非(‖)⇒赋值(=、+=、-=、*=、/=、%=)。

为了巩固上述讲解，下面演习几个例题检测一下。

问题 4　表达式

请说明 i 与 j 的关系条件。

(1) i==j

(2) i!=j

(3) i＞j

(4) i＜＝j

答案

结果：

(1) i 与 j 相等

(2) i 与 j 不等

(3) i 大于 j

(4) i 小于等于 j

解说

关系运算经常应用于程序设计中的条件判断，条件成立时为真，否则为假。如(3)的条件，当 i＝5，j＝3 时，条件表达式 i＞j 为真；j＝6 时，此表达式为假。

注意

其实，表达式也是有值的，即表达式成立时，其逻辑为真，值为 1、逻辑假为 0。例如：

```
int i=5, j=3;
printf("%d", i>j);          //输出结果：1
```

设问：当 j＝6 时，输出结果是多少？

问题 5　条件式

写出符合下列条件的 C 语言表达式。

(1) 已满 18 周岁和 60 周岁以下的成人。

(2) 变量 x 比 5 小，或比 10 大。

(3) 变量 y 不是 100。

(4) 7 的倍数。

(5) 闰年(能被 4 整除而不能被 100 整除，或能被 400 整除)。

答案

结果：

(1) (age＞＝18) && (age＜60)

(2) (x＜5) || (age＞10)

(3) y!＝100

(4) i%7＝＝0

(5) ((y%4＝＝0) && (y%100!＝0)) || (y%400＝＝0)

解说

(4) 题，7 的倍数，即除以 7 余数为 0 的数。

(5) 题，乍一看很复杂，其实，把三个组合条件分解后发现并不难，但要明确逻辑关系的始末位置。

注意

两个及以上条件存在的情形，应分别用小括号括起来。例如(5)，括起来后，逻辑关系十分清晰，便于理解。

第3章　标准输入输出

所谓"标准"，是针对"自定义"而言的。C语言的函数可以分为标准函数和自定义函数。顾名思义，标准函数是系统已经定义好了的，可以直接使用；而自定义函数是由程序员依据规则，自行定义、调用的，后续讲解。

函数在使用之前，务必在头文件位置包含其所在的库文件(.h)。

首先介绍C语言的标准输入输出函数，经常用到的标准输入输出函数有两组，共4个，分别是scanf、getchar、printf和putchar。

3.1　标准输入

所谓标准输入，是指程序执行到标准输入语句scanf或getchar时，将会自动弹出如图3-1所示的窗口(也是程序运行结果窗口)，等待用户从标准输入设备(键盘)输入信息。当输入正确数值或字符后，按回车键，C语言编译系统会接收这次的输入信息，并赋值给对应的变量，并执行标准输入语句的下一条语句。

图3-1　标准输入窗体

在此介绍两个标准输入函数，即scanf和getchar。这两个函数的定义包含在库文件stdio.h中。

```
scanf();            //可以接收从键盘输入的任意类型的数据，且可以是多个字符
getchar();          //能且只能接收从键盘输入的一个字符
```

因为上述两个标准输入函数，在库文件stdio.h中已有了定义，但需要在头文件中包含，书写方式为如下两种中的任意一种。

```
#include<stdio.h>
#include "stdio.h"
```

3.1.1 scanf()函数

scanf()函数的语法格式：

```
scanf("输入格式",&变量名);
```

说明：

"输入格式"：最基本的输入格式参照表 3-1 内容，允许多个。

&：表示地址。

例如：

```
scanf("%d",&x);
```

%d：表示输入是整数(int 型)格式，用" "(半角)引起来。

&x：表示变量 x 在内存中的地址。

常见格式及其所表示的类型汇总如表 3-1 所示。

表 3-1 标准输入函数 scanf 的输入格式

格　式	基本类型	格　式	基本类型
%d	int	%o	八进制
%f	float	%x	十六进制
%lf	double	%p	指针(point)
%c	char	%s	字符串(以'\0结束)

问题 1 scanf 的应用

请分析下列程序的运行情况。

```
#include<stdio.h>

main(){
    int a,b;
    scanf("%d,%d",&a,&b);
    printf("\na=%d,b=%d\n",a,b);
    return 0;
}
```

答案

程序运行结果：

解说

函数 scanf 的格式是 "%d,%d"，即需要从键盘输入两个 int 型整数，且用逗号分隔；由于 printf 函数中有两个 "\n"，故出现两次换行操作。

注意

假如由键盘输入的两个数没有用逗号分隔，而是用空格分开，结果却是如下情形。

变量 b 的值并非是－34。错误之处在于没有按照"%d,%d"逗号分隔的格式进行键盘输入。

若修改 scanf 函数的输入格式为：

```
scanf("%d  %d",&a,&b);                    //逗号改为半角空格
```

便能正常输入输出了，如下。

3.1.2 getchar()函数

getchar()函数的语法格式：

```
char str;
str=getchar();
```

说明：

getchar()中不带任何参数，这一点与 scanf 有所不同。因此，需要将键盘输入的值赋给一个变量 str，当然这个 str 变量事先是要定义成 char 型的，它只能存储一个字符。

getchar()能且仅能接收一个字符的键盘输入。

问题 2 getchar 的应用

请分析下列程序的运行情况。

```
#include<stdio.h>

main(){
    char str1,str2;
    str1=getchar();
    str2=getchar();
    printf("%c,%c\n",str1,str2);
    return 0;
}
```

答案

程序运行结果：

```
s6*@↙
s,6
请按任意键继续. . .
```

解说

源码中有两个 getchar()函数，运行时要求从键盘输入中取两个字符。实际操作时，尽管输入了“s6*@”4 个字符，但最终取到的仅是前两个。

注意

scanf 与 getchar 的比较：

(1) 格式完全不同；

(2) scanf 指定的数据类型为 char 型时，功能与 getchar 一样，即仅接收一个字符。下述两组代码等价。

```
str1=getchar();  ⇔  scanf("%c",&str1);
str2=getchar();  ⇔  scanf("%c",&str2);
```

3.2 标准输出

所谓标准输出，是指程序执行到标准输出语句 printf 或 putchar 时，将会自动弹出如图 3-2 所示的程序运行结果窗口，输出结果，直到程序彻底运行完毕。

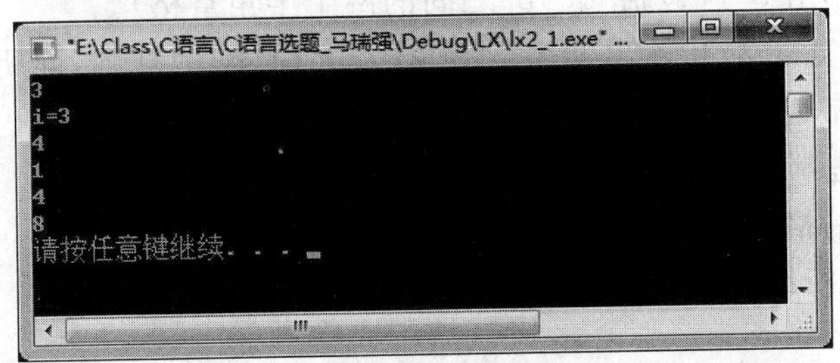

图 3-2　程序运行窗口

在此介绍两个标准输入函数，即 printf 和 putchar。如同上面所讲述的标准输入函数，这两个函数的定义也是包含在库文件 stdio. h 中。

```
printf();               //任意类型、多组数据
putchar();              //字符、一个
```

注：这两个函数在库文件 stdio. h 中定义。

同标准输入函数一样，上述两个标准输出函数，在库文件 stdio. h 中已做了定义，同样需要在头文件中声明。

3.2.1　printf()函数

printf()函数的语法格式：

```
printf("输出格式",输出值);
```

说明：

输出格式与输出值一定要匹配出现，且参数允许有多对。

例如：

```
printf("%d %f",x,y);
```

%d,%f：表示输出格式为 int 型和 float 型变量格式。

x,y：分别表示 int 型和 float 型变量。

%d 与 x、%f 与 y 分别匹配。

常见格式及其所表示的类型汇总如表 3-2 所示。

例如：

```
printf("a=%4d  b=%o\n", a, b);
```

表 3-2 标准输出函数 printf 的输出格式

格式	基本类型	格式	基本类型
%d	int	%o	八进制
%f	float	%x	十六进制
%lf	double	%e	指数形式
%c	char	%s	字符串

a=：表示原样输出 a=。

b=：表示原样输出 b=(包括“d b”之间的两个半角空格)。

%4d：控制输出宽度为 4,输出遵循“小前补空大原样”的规则,即所输出的数值在 4 位以内,数值前方用空格补足;大于 4 位,会原样输出数值。

%o：表示以八进制方式输出。

问题 3 printf 的格式理解

请分析源码的运行结果。

```
#include<stdio.h>

main(){
    printf("%c\n",'a');
    printf("%d\n",'a');
    printf("%o\n",'a');
    printf("%x\n",'a');
    return 0;
}
```

答案

程序运行结果：

```
a
97
141
61
请按任意键继续. . .
```

解说

字符'a'是唯一的,但是输出结果是由输出格式来决定的。

本例中字符'a',其值为 97(int 型),141(八进制),61(十六进制)。可以自行手动转换或利用 Windows 操作系统附带的计算器,演算验证结果。

注意

在程序 Debug 过程中，经常会遇到输出值并非自己所期望的结果，但是代码貌似没有错误，此时应优先考虑输出格式表达是否正确。

3.2.2 putchar()函数

putchar()函数的语法格式：

```
putchar(变量);
```

说明：

(1) 输出一个字符；

(2) 被输出的字符为 char 型。

注：也可以输出控制字符。

例如：

```
putchar('\n');          //输出了一个回车
```

问题 4　putchar 的应用

请分析源码的运行结果。

```
#include<stdio.h>
main(){
    char x,y,z;
    x='a'; y='+'; z='b';
    putchar(x); putchar(y); putchar(z);
    putchar('\n'); putchar(65);
    return 0;
}
```

答案

程序运行结果：

```
a+b
A请按任意键继续. . .
```

解说

三个变量 x、y、z 是 char 型，其值分别为 a、+、b。

'\n'是换行操作。

putchar(65)，返回的是数值 65 所对应的字符 A。

注意

输出 char 型的字符，其实也可以认为是 int 型，因为 char 型归根到底还是可理解为 int 型。

3.3　顺序结构程序设计

所谓顺序结构程序，就是依据程序书写顺序，自顶而下逐行执行代码。

当代码中加入了程序控制语句，如 if、switch、for、while 时，程序顺序执行可能被打破，将依据程序控制语句意图来运行。

问题 5　顺序结构程序设计实例

根据要求,设计程序。

计算存款利息。有 1000 元,想存一年。有以下三种方法可选。

(1) 活期,年利率为 r1。

(2) 一年期定期,年利率为 r2。

(3) 存两次半年定期,年利率为 r3。

请分别计算出一年后按三种方法所得到的本息和。

答案

程序清单:

```
#include<stdio.h>

main(){
    /* 定义变量同时赋予初值 */
    float p0=1000, r1=0.0036,r2=0.0225,r3=0.0198, p1, p2, p3;
    p1=p0*(1+r1);
    p2=p0*(1+r2);
    p3=p0*(1+r3/2)*(1+r3/2);
    printf("%f\n%f\n%f\n",p1, p2, p3);
    return 0;
}
```

程序运行结果:

```
1003.599976
1022.500000
1019.898010
请按任意键继续. . .
```

解说

分析:确定计算本息和的公式。

从数学知识可知:若存款额为 p0,则:

活期存款一年后本息和为:

$$p1 = p0(1 + r1)$$

一年期定期存款,一年后本息和为:

$$p2 = p0(1 + r2)$$

两次半年定期存款,一年后本息和为:

$$p3 = p0(1 + r3/2)(1 + r3/2)$$

算法:

输入 p0,r1,r2,r3 的值
计算 p1=p0(1+r1)
计算 p2=p0(1+r2)
计算 p3=p0(1+r3/2)(1+r3/2)
输出 p1,p2,p3

注意

关于 float 与 double 的严格区分,在初学阶段没有必要深究,只要了解其可存储实数的范围不同足矣。

第 4 章　程序控制

程序控制是相对于顺序结构程序设计而言的，即根据某个条件是否满足来决定是否执行指定的操作任务，或者从给定的两种或多种操作中选择其一；或根据需要，决定某段程序的往复执行。

程序控制大概可以分为 if、swith 条件控制语句和 for、while 循环控制语句两大类。

4.1　分支一：条件控制 if

4.1.1　if 语句

1. if 语句的功能

if 是条件判断语句，当条件符合时运行。

2. if 语句的格式

```
if(条件句) {            //如果条件句成立,运行处理 1 程序组,结束 if 语句
    处理 1;             //处理：表示一个或多个程序行,下同
}
else{                   //如果条件句不成立,运行处理 2 程序组,结束 if 语句
    处理 2;
}
```

(1) else 控制部分可省略

省略的情形下，如果条件句不成立，则结束 if 语句。

(2) 处理 1 和处理 2 中，仅能运行其一。运行流程如图 4-1 所示。

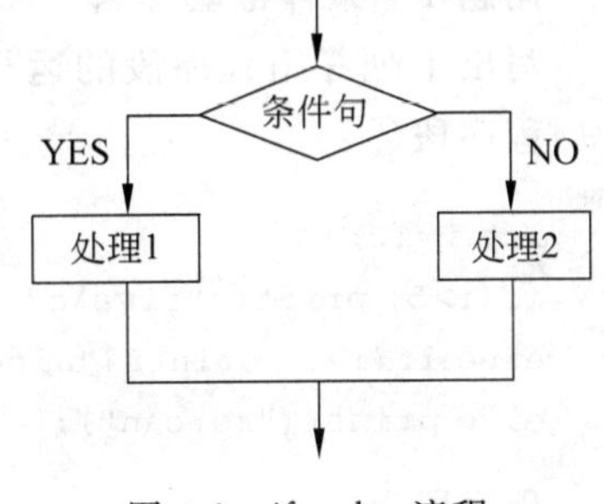

图 4-1　if…else 流程

4.1.2　if…else 嵌套语句

1. if…else 嵌套语句的功能

条件嵌套判断语句，当条件 1 符合时运行；否则继续判断下一个条件，以此类推；如果没有符合的条件，运行 else 下的程序组。

2. if…else 嵌套语句的格式

```
if(条件句 1) {            //如果条件句 1 成立,运行处理 1 程序组,结束 if 语句
    处理 1;
}else if(条件句 2) {      //如果条件句 1 不成立,继续判断条件句 2 是否成立
    处理 2;
}else if(条件句 3) {      //类似上条注释
    处理 3;
}else{                    //条件句 1～条件句 3 均不成立时,要运行处理 4
```

```
    处理 4;
}
```

(1) 条件嵌套。

(2) 处理 1～处理 4 中,仅能运行其一(条件重叠与否不论)。也就是说,条件句 1～条件句 3 中,只要有一个成立,便结束 if 语句运行其后的处理;否则运行处理 4,结束 if 语句。

(3) 条件句 1～条件句 3,要求避免条件重叠(重叠属逻辑错误,而非语法错误,因此编译不报错,此点在编程时需要注意)。

if…else 嵌套语句执行流程如图 4-2 所示。

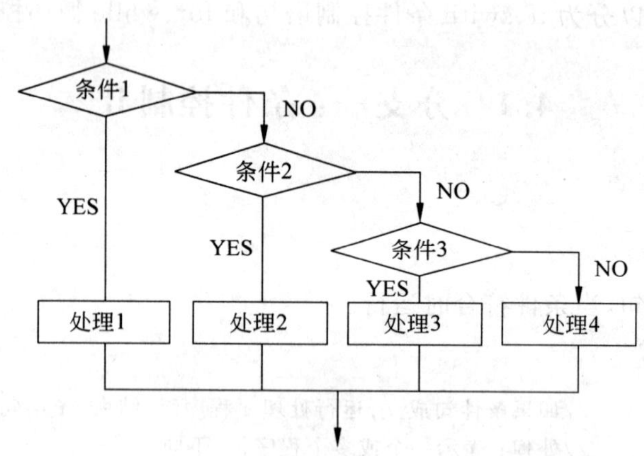

图 4-2 if…else 嵌套流程

问题 1 条件嵌套理解

写出下列三组程序段的运行结果。

程序段①:

```
int i=10;
if(i>5) printf("five\n");
else if(i>9) printf("nine\n");
else printf("zero\n");
```

程序段②:

```
int i=10;
if(i>15) printf("five\n");
else if(i>9) printf("nine\n");        //因为 i>15 不成立,才判断 i>9 是否成立
else printf("zero\n");
```

程序段③:

```
int i=10;
if(i>15) printf("five\n");
else if(i>19) printf("nine\n");
else printf("zero\n");
```

答案

程序运行结果：

①

```
five
请按任意键继续. . .
```

②

```
nine
请按任意键继续. . .
```

③

```
zero
请按任意键继续. . .
```

解说

①中，当 i>5 时，printf("five\n")，结束 if 语句。

②中，当 i>15 不成立时，再判断 i>9，成立，则 printf("nine\n")，结束 if 语句。

③中，当 i>15 和 i>19 均不成立，则 printf("zero\n")，结束 if 语句。

注意

这个例子故意制造了逻辑错误，对于理解 if 嵌套是有益的，上机一试便知。

问题 2　二分支判断

判断由键盘输入的任意年份是否为闰年，请编程实现。（闰年：年份能被 4 整除而不能被 100 整除，或能被 400 整除。）

答案

程序清单：

```
/*  q2.c  Ver1.0  Output the leap year.
Editor: Marq  2016.10.12   */
#include<stdio.h>

main(){
    int year;
    scanf("%d",&year);
    if  ((year %4==0) && (year %100!=0) || (year %400==0))
        printf("%d is a leap year.\n", year);
    else
        printf("%d is a notleap year.\n", year);
    return 0;
}
```

程序运行结果：

```
2016↙
2016 is a leap year.
```

```
2017↙
2017 is a notleap year.
```

解说

代码首行位置，规范的代码，通常要做适当的注释，内容包括：函数功能、版本、作者信息、完成日期、历史修改等信息。

关于闰年的表达式，是从逻辑记述转化而来，需要记忆（注意表达式的逻辑关系）。

拓展：判断一个数 num 是否为 2 和 3 的公倍数。其表达式为：

```
(num %2==0) && (num %3==0)
```

问题 3　乱数生成

自动生成乱数，并判断其奇偶性。

所谓乱数，"乱"可以理解为"杂乱"；简言之，乱数即为随机数，是计算机随机产生的数。在 C 语言中，乱数是可以通过随机函数 rand、srand 随机生成的，而且这两个函数在 stdlib. h 中有定义，故使用前必须在头文件中包含。

答案

程序清单：

```
#include<stdio.h>
#include<time.h>                    //包含 time()
#include<stdlib.h>                  //包含 rand()、srand()

main(){
    int i;
    srand(time(NULL));              //时间种子,NULL 是空指针
    i=rand();                       //产生随机数,因随机种子不同而异
    if  (i%2==0)
        printf("The random number %d is OK.\n", i);
    else
        printf("The random number %d is NG.\n", i);
    return 0;
}
```

程序运行结果：

```
The random number 29952 is OK.
```

或

```
The random number 30011 is NG.
```

解说

标准函数 rand 和 srand，在 stdlib. h 中有定义，故使用函数前必须包含进来。同样，time()函数是在 time. h 中有定义。

若无 srand(time(NULL)) 语句，rand 产生的随机数是固定的。

29952、30011 是随机产生的数。如果没有 srand，将产生相同的随机数。

问题 4　多分支问题

中国铁道部于 2013 年 9 月 1 日开始实施梯次退票方案。即：票面乘车站开车前 48 小时以上的，退票时收取票价 5%的手续费；开车前 24 小时以上不足 48 小时的，退票时收取票价 10%的手续费；开车前不足 24 小时的，退票时收取票价 20%手续费(时间近似以整点计)。请计算不同时间间隔所承担的退票手续费分别是多少。

答案

程序清单：

```
#include "stdio.h"
#define PRICE 100                    //定义常量

main(){
    int timeda,flag;                 //声明标识 flag 变量,表示退票失败/成功
    float fee;

    flag=0;                          //初始化 flag(成功退票)
    fee=0;
    scanf("%d",&timeda);

    if(timeda<24 && timeda>0){
        fee=PRICE*.2;
    }else if(timeda<48 && timeda>=24){
        fee=PRICE*.1;
    }else if(timeda>=48){
        fee=PRICE*.05;
    }else{
        flag=1;                      //flag 赋值
        printf("The ticket cancel NG!\n");
    }

    if(flag!=1) {printf("%f",fee);}          //flag 初始化再未曾被赋值
    return 0;
}
```

程序运行结果:

```
10↙
20.000000请按任意键继续. . .

50↙
5.000000请按任意键继续. . .

30↙
10.000000请按任意键继续. . .

0.5↙
The ticket cancel NG!
请按任意键继续. . .

-1↙
The ticket cancel NG!
请按任意键继续. . .
```

解说

手续费金额:分支表述三种情况,可以考虑使用 if…else 嵌套。

手续费有无:使用 flag 标记区分。

在程序调试时，要注意测试数据的全面性，特别是边界值的包含与否。

4.2 分支二：层次控制 switch 语句

if 语句是一种只有两个分支的选择结构，只有通过构建 if…else 嵌套，才能达到多分支的层次选择功能。而 switch 本身就是层次控制语句，是一种多分支选择结构，具体分支由 case 导引。

switch 语句的功能：依据 switch 所带表达式的值，对应寻找具体各个分支的 case 值，如果相等，则运行其下的程序组，用 break 中断结束 switch 的执行全过程，否则运行 default 下的程序组，结束 switch 语句。

switch 语句的格式：

```
switch(表达式) {              /* 表达式的结果是一个具体的值 */
    case        值 1:         /* 变量值(值 1、值 2)是 int 型或 char 型 */
        处理 1;
        break;                /* 中断 switch 语句 */
    case        值 2:
        处理 2;
      break;                  /* 中断 switch 语句 */
    default:                  /* 变量是值 1、值 2 以外的值 */
        处理 N;
        break;                /* 中断 switch 语句。因为处于 switch 的结尾，故可省略 */
}
```

case/default 的分支出口是唯一的。

case/default 其下的程序组，无须使用{ }界定范围。

break 的作用是中断 switch 语句，或者也可以理解为是跳出 switch 语句，以保证代码运行路径的唯一性，编程时应注意。

问题 5　划分成绩等级

对某学生的语文、数学、外语三门功课的成绩进行分等级评价，规则：均分在 80 分以上为 A、70 分以上且不满 80 为 B、60 分以上且不满 70 为 C、其他为 D。

答案

程序清单：

```
#include "stdio.h"

main(){
    int math,chin,eng,score;
    char score_Flag;
    scanf("%d %d %d",&math,&chin,&eng);      //输入 3 个成绩
    score=(math+chin+eng)/3;                 //求平均值

    switch(score/10){
        case 6:
            score_Flag='C';                  //60～69 时
            break;
```

```
        case 7:
            score_Flag='B';                  //70～79 时
            break;
        case 8:
        case 9:
        case 10:
            score_Flag='A';                  //80～100 时
            break;
        default:
            score_Flag='D';                  //上述以外
    }

    printf("%c\n",score_Flag);
    return 0;
}
```

程序运行结果：

解说

本控制语句的核心是构建 switch 的表达式。本例中的 score/10 式是为了简化代码而人为设计的算术式。

当 score/10 值为 8、9、10 时，出口仅有一个，要执行 score_Flag='A'; 语句。

4.3 循环一：循环次数确定的 for 语句

for 语句是一种全新的程序控制语句。根据需要，有的程序要执行数次，这种情况若采用条件控制语句很难实现，因此引入了新的控制语句 for。for 语句是一个循环控制语句，而且循环次数根据需求可以自行设定，应用起来比较方便。

for 语句的功能：依据循环条件，反复运行循环体中的程序组。

for 语句的格式：

```
for(循环变量初始化;条件表达式;循环处理){
    处理语句;           //TRUE 运行序：条件表达式⇒处理语句⇒循环处理⇒条件表达式
}                       //for 循环体末尾，进行循环处理操作，如 i++或 i--
```

for 循环运行规则：首先要进行一次（仅一次）循环变量初始化操作；然后判断条件表达式是否为真，如果为真，则执行循环体中的处理语句（如果为假，结束 for 循环），接下来进行循环处理次数计数的累加/递减操作；再次判断条件表达式是否成立。如此循环往复。

问题 6　循环原理

分析下列 for 循环程序的运行情况。

```
#include "stdio.h"

main(){
```

```
    int i;
    for(i=1; i<3; i++) {                  //注意：最终的 i 累加 1
        printf("%d ",i);                  //每输出 i 值后,空一格
    }                                     //for 末尾}时,i++
    printf("\n i=%d",i);                  //先换行,后输出 i 值
    return 0;
}
```

答案

程序运行结果：

```
1 2
 i=3请按任意键继续. . .
```

解说

for 循环务必清楚以下 3 个问题，以本题为例说明。

(1) 循环变量初始值：i=1。

(2) 条件表达式：i<3。

(3) 循环处理：i++，即每循环一次，i 值递增 1。

for 循环执行流程如图 4-3 所示。

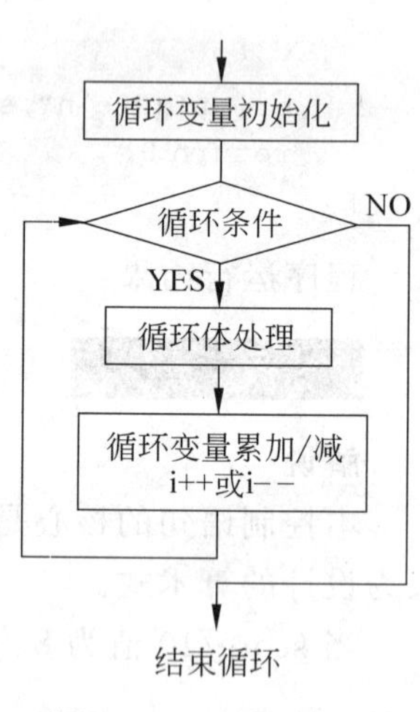

图 4-3　for 循环流程

注意

循环体中避免改变循环变量的语句出现。

问题 7　古典问题

请编程实现高斯算法(100 以内正整数和)。

答案

程序清单：

```
#include "stdio.h"

main(){
    int i,sum;                            //i 计数、sum 求和用
    sum=0;                                //初始化 sum

    for(i=1;i<=100;i++){                  //等价于 i<101
        sum+=i;                           //sum=sum+i;
        printf("%d ",i);                  //输出 i 值后,再输出一个空格
    }
    printf("\ni=%d sum=%d",i,sum);
    return 0;
}
```

程序运行结果：

```
1 2 3 4 5 6 7 8 9 10 11 12 13 14 15 16 17 18 19 20 21 22 23 24 25 26 27 28 29 30
 31 32 33 34 35 36 37 38 39 40 41 42 43 44 45 46 47 48 49 50 51 52 53 54 55 56 5
7 58 59 60 61 62 63 64 65 66 67 68 69 70 71 72 73 74 75 76 77 78 79 80 81 82 83
84 85 86 87 88 89 90 91 92 93 94 95 96 97 98 99 100
i=101 sum=5050请按任意键继续. . .
```

解说

题设为从 1 到 100 的累加。规律清晰，即 1＋2＋3＋…＋99＋100。加数逐个以步长 1 递增，故考虑采用已知循环次数的 for 语句来实现。

因为从 1 开始累加，故初始值 i 可设为 1；累加到 100，故终止条件是 i＜＝100，或 i＜101；各数步长为 1 递增，所以 i＋＋。

存放和的变量 sum，在使用前必须进行初始化操作，即 sum＝0。

注意

循环处理格式（此两种通常被使用）：i＋＋或 i－－。

问题 8　for 基础知识

下列 for 语句中，循环无法结束的是哪些？

(1) for(i＝1; i＜＝5; i＋＋)

(2) for(i＝1; i＜5; i－－)

(3) for(; ;)

(4) for(i＝5; i＞0;){i－－;}

(5) for(i＝1, i＜＝5, i－－)

(6) for(i＝1,j＝1; i＜5; i＋＋)

答案

(2)　(3)

解说

(2) 循环变量 i 的初始值为 1，且递减，i＜＝5 永远成立。

(3) 无条件约束，循环不退出。

(5) 语法错误，小括弧中分别是三条独立的语句，用;结束。

(6) 初始化的循环变量可以有多个，且用,分隔。条件表达式、循环处理亦然。

4.4　循环二：附加条件循环 while 语句

4.4.1　while 语句

while 是循环控制语句。while 有“当…的时候”之意。while 循环中的循环体执行次数不固定，取决于循环条件是否成立。因此，在循环体中存在改变循环条件变量的语句，这是与 for 语句的最大差别点。否则无法退出循环。

while 语句的功能：循环条件为真时，反复运行循环体中的程序组，且循环体中存在改变循环条件式变量的语句。直到循环条件为假，结束 while 语句的运行。

while 语句的格式：

```
while(条件式) {
    处理语句;                //条件式判断⇒处理语句(包含更新变量语句)⇒继续判断条件式
}
```

while 循环运行规则：如果条件式为真，执行处理语句；否则跳出 while、结束 while 循环。

问题 9　死循环(Infinite Loop)

试分析下列程序的运行情况。

```
#include "stdio.h"

main(){
    int i;
    i=0;                          //i 初始化
    while(i<5) {
        printf("%d ", i);         //输出 i 的值
    }
    return 0;
}
```

答案

程序运行结果：

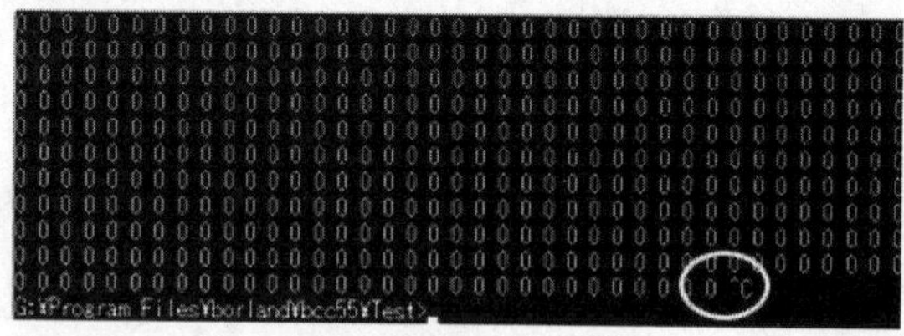

解说

while 循环的条件 i<5 永远成立，循环可以一直往复运行不止而无法退出，称为死循环。

死循环中断方法：

按 Ctrl+C 键。

代码修改为：

```
printf("%d", i++);
```

可避免死循环。

知识拓展：

while(1)　// 1：True，0：False。

当 while(5<6)时，条件的含义又表示什么？

注意

while 循环体里必须存在改变循环变量的语句，否则 while 循环可能无法结束。这一点与 for 循环恰恰相反，for 循环是依据其条件设置来改变循环变量的。

4.4.2　do…while 语句

do…while 循环语句中的 do 是“运行”之意。do…while 语句先运行 do 下的程序组，当 while 条件不成立时退出 do…while 循环，否则一直循环往复运行。与 while 循环语句一样，要求 do 下的程序组中存在改变循环条件变量的语句，否则进入死循环。

do…while 语句的格式：

```
do{
    处理语句;                //至少被执行一次
}while(条件式);
```

do…while 循环运行规则：先执行循环体中的处理语句，再判断条件式。如满足，则继续执行循环体；否则结束 while 循环。

问题 10　do…while 基础

计算从键盘输入数字的乘方(输入为 0 时程序终止)。

答案

程序清单：

```
#include "stdio.h"

main(){
    int i=0;
    do {
        printf("Please input the data:");              //屏幕提示
        scanf("%d", &i);
        printf("%d×%d=%d\n", i, i, i*i);
    } while(i!=0);                                      //当 i!=0 时，继续 do
    return 0;
}
```

程序运行结果：

```
Please input the data:5↙
5×5=25
Please input the data:99↙
99×99=9801
Please input the data:-1↙
-1×-1=1
Please input the data:0↙
0×0=0
请按任意键继续. . .
```

解说

do 循环体至少运行一次，然后判断 while 条件，如果为真，则继续运行 do 循环体的代码；如果为假，则结束 do…while 循环。

注意

while(i!=0)语句尾部的;不能省略。

以上所介绍的是有关循环控制语句的几种情形，有时在同一个程序段中会出现互相嵌套使用的情形，下面的例题是一个最简单的嵌套。

问题 11　图形输出

编程输出以下图形(3×5 的星形图)。

```
*****
*****
*****
```

答案

程序清单：

```
#include "stdio.h"
```

```
main(){
    int i,j;
    for(j=1;j<=3;j++){
        for(i=1;i<=5;i++){
            printf("*");
        }
        printf("\n");                    //换行
    }
    return 0;
}
```

解说

二维、规则图形的输出方法：采用二重 for 循环实现，外循环控制行数，内循环控制列数。

拓展一：如果是平行四边形，程序将做何修改？

```
*****
 *****
  *****
```

每行输出前，先输出空格，且空格数逐行递增，故内循环需先追加：

```
for(k=1;k<j;k++){                //行不同，前置空格数不同，递增
    printf(" ");
}
```

拓展二：如果是正三角形，程序又将做何修改？（注意行和列的关系。）

```
   *
  ***
 *****
```

```
for(k=1;k<5-j;k++){              //行不同，前置空格数不同，递减
    printf(" ");
}

for(i=1;i<=2*j-1;i++){           //行不同，*的个数不同，奇数个
    printf("*");
}
```

4.5 其他控制语句

4.5.1 goto：跳转语句

goto 语句的功能：goto，顾名思义，即"去……，到……"的意思。程序被强制跳转到 goto 标签所指向的位置。

goto 语句的格式：

```
goto 标签名;                  //跳转到标签(label)所指的程序段执行
    处理语句 1;               //未被执行
```

```
    ⋮
标签名:
    处理语句 2;
```

问题 12　跳转执行

写出下列程序的运行结果。

```
#include<stdio.h>
main(){
    int a=4148;
    double  c=1234567.89;
    goto LAST;                          //LAST 是一个标记
    printf("%d\n",a);                   //因跳转而未被执行

    LAST:
    printf("%lf\n",c);                  //被执行
    return 0;
}
```

答案

程序运行结果:

```
1234567.890000
```

解说

有的编译系统可能会出现警告(warning),原因是变量 a 代入的值没有被使用。

注意

goto 属于非结构化程序设计语句,在程序设计中应尽可能避免使用。

4.5.2　continue:跳转到控制语句尾

continue 语句的功能:continue 语句,顾名思义是"继续"的意思。只在循环结构中有意义。其作用是停止当前循环,继续下一次循环。

continue 语句的格式:

```
while(x) {
    处理语句 1;
    continue;
    处理语句 2;                         //未被执行
}
```

等价于:

```
while(x){
    处理语句 1;
    goto cont;
        处理语句 2;
    cont:
}
```

问题 13　continue 的用法

写出下列程序的运行结果。

```
#include<stdio.h>
main(){
    int i;

    for(i=0; i<5; i++) {
        printf("%d ", i);
        continue;                              //跳转到 for 末尾}处
        printf("test");
    }
    return 0;
}
```

答案

程序运行结果：

```
0 1 2 3 4 请按任意键继续. . .
```

解说

程序运行到 continue 处时，直接转到循环控制语句 for 的末尾}处，循环变量累加 1，继续判断循环条件是否为真，如果为真，则再次执行循环体内语句。

设问：如果将 continue 语句注释掉，则程序的运行结果为：

```
0 test1 test2 test3 test4 test请按任意键继续. . .
```

注意

如果能巧妙使用，可以使程序设计变得更为灵活。

4.5.3　break：跳出控制语句

break 语句的功能：break 语句只在选择结构(switch)和循环结构(while、for)的控制语句中有意义；break 的意思是"跳出"，所以该语句的作用是用于跳出当前选择结构或者循环结构，不再执行结构中后面的动作。

break 语句的格式：

```
break;              //单独一条语句，不带任何参数
```

问题 14　break 的用法

```
#include<stdio.h>
main(){
    int i;
    for(i=0; i<5; i++) {
        printf("%d ", i);
        break;                           //跳出本循环控制语句 for
        printf("test");
```

```
    }
    return 0;
}
```

答案

程序运行结果：

```
0 请按任意键继续. . .
```

解说

根据需要进行中断处理，例如 switch 语句 case 分支中的 break 应用。

如果使用得当，可以提高编程技巧。

以下是循环以及循环互相嵌套的典型例题。

问题 15　九九乘法表

试编程实现九九乘法表的输出。

答案

程序清单：

```
#include "stdio.h"
main(){
    int i,j,val;
    for(i=1;i<10;i++){                          //9行
        for(j=1;j<10;j++){                      //9列
            val=i * j;
              printf("%d * %d=%2d ", j, i, val);
              if(i==j) break;                   //边界
        }
        printf("\n");
    }
    return 0;
}
```

程序运行结果：

```
1*1= 1
1*2= 2 2*2= 4
1*3= 3 2*3= 6 3*3= 9
1*4= 4 2*4= 8 3*4=12 4*4=16
1*5= 5 2*5=10 3*5=15 4*5=20 5*5=25
1*6= 6 2*6=12 3*6=18 4*6=24 5*6=30 6*6=36
1*7= 7 2*7=14 3*7=21 4*7=28 5*7=35 6*7=42 7*7=49
1*8= 8 2*8=16 3*8=24 4*8=32 5*8=40 6*8=48 7*8=56 8*8=64
1*9= 9 2*9=18 3*9=27 4*9=36 5*9=45 6*9=54 7*9=63 8*9=72 9*9=81
```

解说

这是一个典型的次数确定的循环嵌套，外循环控制行数、内循环控制列数。

图形右上与左下重复，故当 i=j 时，做了中断处理，去掉了右上部分；或者通过调整内循环条件为 j<=i，可以省去中断处理。

问题 16　i＋＋与＋＋i

请分析下列两个程序段中的 i＋＋变更为＋＋i 时输出结果的异同。

(1)

```
/* 1-for */
#include "stdio.h"
main(){
    int i;
    for(i=1; i<5; i++){                    //改为 for(i=1;i<5;++i)时
        printf("%d ", i);
    }
    return 0;
}
```

(2)

```
/* 2-while */
#include "stdio.h"

main(){
    int i=1;
    while(i++<5){                          //改为 while(++i<5)时
        printf("%d ", i);
    }
    return 0;
}
```

答案

程序运行结果：

(1) i＋＋和＋＋i 时的输出结果相同，如下：

```
1 2 3 4 请按任意键继续. . .
```

(2) i＋＋时的输出结果：

```
2 3 4 5 请按任意键继续. . .
```

＋＋i 时的输出结果：

```
2 3 4 请按任意键继续. . .
```

解说

(1) i＋＋或＋＋i 是独立语句，不存在与比较关系的混合使用。

循环变量 i 的终值是 5。

(2) while(i＋＋＜5)，先比较、后累加 i；while(＋＋i＜5)，i 先累加、后比较。

两种情形的循环变量 i 的终值分别是 6 和 5，请读者自行分析。

注意

在程序设计时，程序员往往习惯采用 i＋＋的写法，而极少使用＋＋i。

万一碰到类似问题，可以通过 Debug 分析、获取各变量的中间值，如图 4-4 和图 4-5 所示。

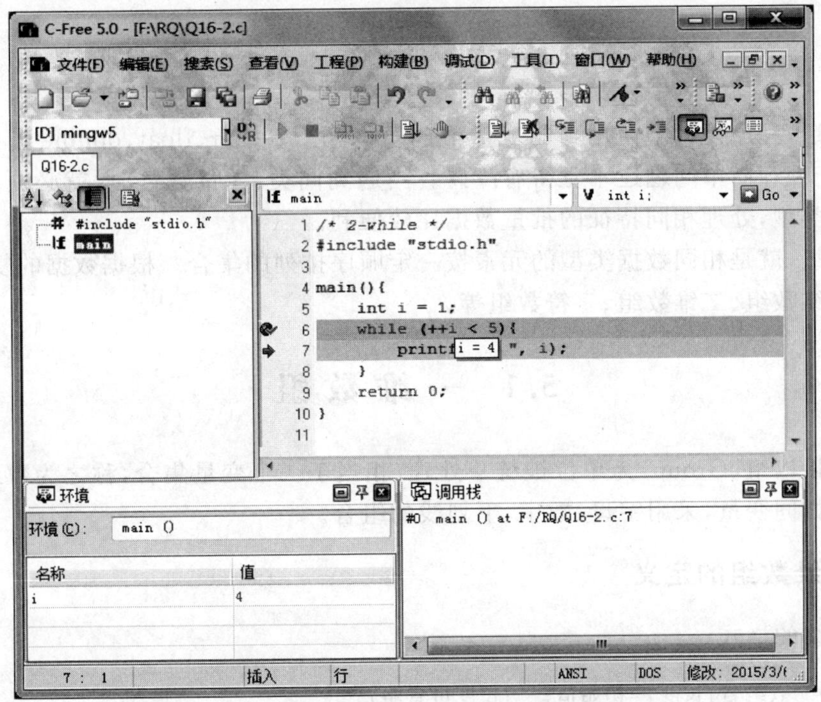

图 4-4　程序单步执行过程

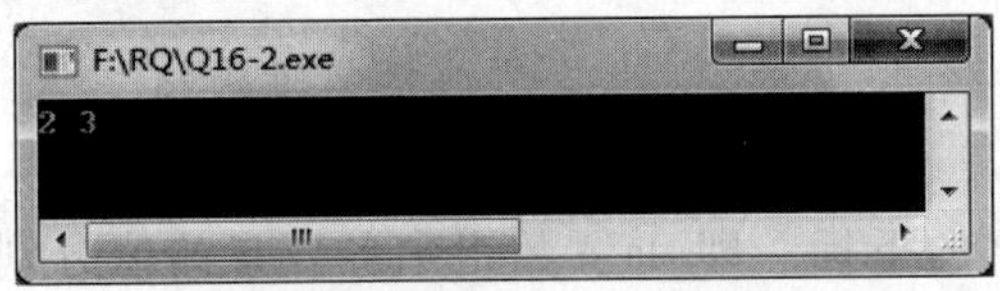

图 4-5　程序单步运行结果

请读者自行上机实践之。

第5章　数　组

大家知道，程序设计中使用到的变量都属于诸如 int、char、float、double 型中的简单数据类型，对于处理简单问题还不觉得有障碍。当遇到同类、大量数据时，就必须引入数组这一新的数据类型，处理相同特征的批量数据比较便利。

所谓数组，就是相同数据类型的元素按一定顺序排列的集合。根据数据的复杂程序，还可以分为一维数组、二维数组、字符数组等。

5.1　一维数组

多个变量以组（Group）为单位被统一处理，相当于一个变量集合，称之为数组。数组名的命名方法如同变量，采用字母、数字、下划线的组合。

5.1.1　一维数组的定义

一维数组的格式：

```
数据类型　数组名[长度]=初始值;　(长度可省略)
int  data[5]={10, 20, 30, 40, 50};
```

说明：

数组名后[ ]中的有一个长度项，说明此数组是一维数组。

data[0]，data[1]，…，data[4]是数组元素。

0，1，…，4 是数组元素的下标。即 data 数组中各元素的值分别为：

```
data[0]=10;
data[1]=20;
data[2]=30;
data[3]=40;
data[4]=50;
```

注：数组元素的下标是从 0 开始的，故不存在 data[5]。

长度值：正整数或常量，以及其表达式，如下列设计也是可以的。

```
#define  SUM  5
int  data[SUM]={10, 20, 30, 40, 50};
```

问题 1　正确定义数组

以下是有关数组的定义，请选出定义正确的标号。

(1) int data={1, 2, 3}；

(2) int data=(1, 2, 3)；

(3) int data[]；

(4) int data[]={1, 2, 3};

(5) int data[3]={1, 2, 3};

(6) int data[3]={1.2, 2.0, 3};

(7) int data[5]={1, 2, 3};

答案

(4)　(5)　(7)

解说

(1)属于语法错误,缺少[]。长度值可以默认,如果加上[],而不给出长度值,也是可以的。

如果在定义数组的同时,给数组进行了赋值,此时的长度值可省略。其长度默认是所赋值的个数,如(4)。反之,若不赋值,数组长度是不可以省略的,如(3)属非法定义。

所赋的值一定要与数组的数据类型匹配,(6)是不合法的。

数组长度大于赋值个数时,依据数组赋值规律,未赋值元素值为0(因为数组是int型)。

注意

数组的命名、定义同普通变量,且在内存中开辟了连续的空间。

5.1.2　一维数组的应用

问题2　数组元素值的输出

将19、8、12、16、11这5个数存放于一数组中,并验证存放正确与否。

答案

```
#include "stdio.h"

main(){
    int i;
    int data[]={19, 8, 12, 16, 11};
    for(i=0; i<5; i++){
        printf("第%d个值: %d\n", i+1, data[i]);
    }
    return 0;
}
```

程序运行结果:

解说

5个数据,故数组data的默认长度为5,且从data[0]开始顺序存储,如图5-1所示。

data[0]	19
data[1]	8
data[2]	12
data[3]	16
data[4]	11

图5-1　数组元素在内存中的存储示意图

拓展1:若逆序输出数组元素值,程序将如何修改?

拓展2:将数组中各元素循环右移三个位置,该如何补充代码?

分析：首先想到的是数组单元依次赋值，但位置与数值的个数相同，单纯赋值势必导致现有数据被覆盖，故有必要在依次赋值前临时保存首个目标数组单元中的值，待依次赋值完毕后再将临时保留数据存放入指定位置。代码如下。

```
int temp,t;                         //temp：临时变量，t：计数器
for(t=1;t<=3;t++){                  //按照题设要求，进行三轮移动，每轮动作相同
    temp=data[4];                   //暂时保存首个"移动目标数组单元"中的数据
    for(i=4;i>0;i--){               //下标从大到小，可避免数据覆盖
        data[i]=data[i-1];          //依次赋值，实现右移
    }
    data[0]=temp;                   //最左端空出的数组单元存放曾保留的临时数据
}
```

注意

程序设计 for 循环时，往往将循环变量 i 的初始值设为 0，利于循环体中编程需求。若将 19、8、12、16、11 这 5 个数逆序输出，则只需修改 for 语句便可，如下。

```
for(i=4; i>=0; i--)
```

问题 3　数组应用：求解 Fibonacci 数列

Fibonacci 数列公式：

已知：$a_1=a_2=1, a_n=a_{n-1}+a_{n-2}$

即：此数列为 1,1,2,3,5,8,13,…

答案

```
#include<stdio.h>

main(){
    int i;
    int fib[20]={1,1};                  //第 1,2 个数组元素赋值为 1,其余默认为 0

    for(i=2; i<20; i++)                 //从第 3 个数开始,可以采用计算公式
        fib[i]=fib[i-2]+fib[i-1];       //for 循环体中仅有一条语句,故{ }可省略

    for(i=0; i<20; i++){
        if(i%5==0) printf("\n");        //控制换行,确保每行输出 5 个数
        printf("%10d", fib[i]);         //输出数的域宽为 10,区域右侧显示
    }
    return 0;
}
```

程序运行结果：

```
       1         1         2         3         5
       8        13        21        34        55
      89       144       233       377       610
     987      1597      2584      4181      6765请按任意键继续. . .
```

解说

将代数式的下标巧妙地转化为数组下标，在处理数学及工程问题时经常使用，这也是数组的优势。

试问：输出结果中的第一行(空行)是如何产生的？

5.2 字符数组与字符串

在C语言的基本类型中，不存在字符串型；字符串是存放在字符型数组中。

5.2.1 char型数组的定义

char c[]={ 'a', 'b', 'c' };

输出时，语法格式有以下两种。

格式一：采用循环，逐个元素输出。

```
for(i=0; i<3; i++)
    printf("%c\n", c[i]);
```

格式二：以字符串方式一并输出。

```
printf("%s\n", c);                    /* 输出格式书写为"%s",而非"%c" */
```

5.2.2 字符串的定义

char str[]="abc";   //字符串"abc",存放到了字符数组 str 中

5.2.3 字符数组与字符串的区别

字符串 str 的最后位置(str[3])存放的是 '\0',故此字符串 str 的数组的大小为4。(用 strlen()函数计算字符串长度时，不计'\0',strlen(str)=3。)

char 型的数组 c,其末尾若追回 '\0',就变成了字符串。即：

```
char c[]={'a', 'b', 'c', '\0'};
```

问题4　典型例：字符数组与字符串操作

写出以下程序的运行结果，并分析。

```
#include "stdio.h"
#include "string.h"

main(){
    char str[]="abc";
    char c[]={'d', 'e', 'f'};
    char s[]={'g', 'h', 'i', '\0 };
    int i;

    printf("%s\n", str);
```

```
    for(i=0;i<3;i++)
        printf("%c\n", c[i]);

    printf("%s\n", c);            //字符数组,无'\0',连同当前的内存垃圾一并输出了
    printf("%s\n", s);            //字符串,结尾是'\0',输出结束

    printf("%d %d %d\n", strlen(str), strlen(c), strlen(s));

    return 0;
}
```

答案

程序运行结果:

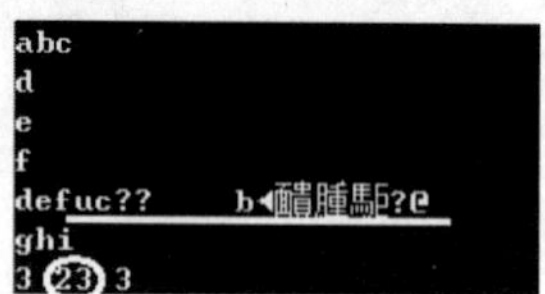

解说

输出结果中第 5 行"def"之后输出的是内存垃圾(俗称乱码)。

strlen():获取字符串长度的函数。此函数定义在头文件 string.h 中。

c 并非字符串,所以 strlen(c)无任何意义,即 23 没有参考价值;而 str 和 s 是字符串,其值均为 3。此外,全角(包括汉字)的长度为 2,如:

```
strlen("问题 4 解说 A")=9
```

注意

在实际开发中,大量使用的是字符串,特别是在嵌入式产品研发时,大多是通过字符串传递消息。赋值前必定要清除内存,往往使用 memset()函数来初始化。

问题 5　字符串的覆盖赋值

写出以下程序运行结果。

```
#include "stdio.h"

main(){
    char str[10]="abcdef";          //字符串赋值,且 str[6]～str[9] ← '\0'
    int i;

    scanf("%s", str);               //格式为"%s",而非"%c";str[3] ← '\0'
    printf("%s\n", str);            //'\0'前的内容,输出

    for(i=0;i<10;i++)
        printf("str[%d]:%c\n", i, str[i]);
    return 0;
}
```

答案

程序运行结果：

```
opq↙
opq
str[0]:o
str[1]:p
str[2]:q
str[3]:
str[4]:e
str[5]:f
str[6]:
str[7]:
str[8]:
str[9]:
```

解说

标准输入"opq"↙(Enter)后，str[0]～str[2]中存入了'o'，'p'，'q' 三个字符，str[3]中自然会存入表示字符串终止的空控制符'\0'。

str[4]～str[9]中的数组元素值，依旧如初始赋值状态不变。

注意

在标准输入(scanf)赋值前后，用 strlen 函数分别求 str 的长度值，应为多少？

```
printf("%d\n", strlen(str));
```

(答案：6,3)

问题 6　字符串逐字符输出

求下列程序中 len 的值、for 循环的次数、i 的终值。

```
#include "stdio.h"
#include<string.h>

main(){
    int i;
    char str[10]="edu.cn";
    int len=strlen(str);
        for(i=0; i<len; i++){
            printf("%c", str[i]);
        }
    return 0;
}
```

答案

6、6、6

解说

str 数组中后 4 个数组元素中全部存放的是'\0'，故 strlen(str)＝6。

问题 7　字符统计

统计字符串中小写字母出现的次数，并将出现次数最多的小写字母输出。

答案

程序清单如下：

```
#include "stdio.h"
```

```
#include "string.h"

main(){
    int i,t[26]={0},k,max=0;                    //t[26]: 存放各字母出现个数
    char str[100];
    scanf("%s",&str);                           //Debug 时也可写成固定字符串
    printf("%d\n",strlen(str));
    for(i=0;i<strlen(str);i++){
        k=(int)str[i]-97;                       //字母与数组下标对应
        t[k]++;                                 //分别计数
    }
    for(i=0;i<26;i++){
        if(t[i]!=0) printf("%c:%d\n",97+i,t[i]); //仅输出曾出现过的字母
        if(max<t[i]){max=t[i];}                 //最值
    }

    for(i=0;i<26;i++){
        if(max==t[i]){                          //最值可能有多个
            printf("%c ",i+97);
        }
    }
    return 0;
}
```

程序运行结果：

```
Hello-Everyone!=2016.10*\o# ↙
27
e:3
l:2
n:1
o:3
r:1
v:1
y:1
e o 请按任意键继续. . .
```

解说

a 的 ASCII 值为 97(十进制数)，需要特殊记忆。其后续字母的 ASCII 值，可以通过依次累加 1 获取，例如，A 的 ASCII 值为 65(97－32＝65)。

利用 ASCII 值，可建立字母和存储其出现次数的数组下标的关系式。

寻找字母出现次数最多者，但输出时要注意，最值可能不止一个。

键盘输入总字符数为 27，其中出现字母次数最多为三次，分别是 e 和 o 两个字母。

注意

scanf()开始读取输入以后，会在遇到空格(Blank)、制表符(Tab)或者换行符(Newline)处停止读取。诸如标准输入中间有空格时，会使程序员产生与代码中的 strlen 计算值不一致的误判。若使用：

```
scanf("%[^\n]s",&str);
```

则可实现只有在读入回车符时才终止读取。

5.3 字符串函数

在使用字符串处理函数时,需在程序的头文件中追加 string.h,如:

```
#include "string.h"
```

string.h 是 C 语言的标准库文件,声明、定义了对字符串操作的函数。无须死记硬背,需要时,查阅库函数手册或在线帮助便可。此外,不同的编译系统所提供的函数名及其功能不尽相同,使用时应适当留意。

常用函数有 strlen()、strcpy()、strncpy()、strcmp()、strcat()、memset()、memcpy()等。

5.3.1 strlen():求字符串长度函数

功能:计算给定字符串的长度。

说明:

计算长度不包括空字符'\0'在内。

5.3.2 strcpy(字符串数组名,代入字符串):字符串复制函数

功能:复制字符串函数。

说明:

(1) 数组长度要足够大;

(2) 代入字符串也可以是字符串数组;

(3) 开发工程中几乎不使用,其原因是速度过慢、效率低下。

例如:

```
char str[6]="abcde";
printf("%s\n",str);          //abcde
strcpy(str,"Cha");
printf("%s",str);            //Cha
```

5.3.3 strncpy(str,"Cha",2):字符串定长复制函数

功能:指定长字符串复制。

说明:

用带入的字符串"Cha"前两位,取代原有字符串 str 中最前两个字符。

例如:

```
char str[6]="abcde";
printf("%s\n",str);          //abcde
strncpy(str,"Cha",2);
printf("%s",str);            //Chcde
```

5.3.4 strcmp(Str1,Str2)：字符串比较函数

功能：顺序、逐字符比较，相异或遇到'\0'时，停止比较。

Str1＝Str2，返回值＝0；

Str1＞Str2，返回值＞0；

Str1＜Str2，返回值＜0。

说明：

比较的是 ASCII 值的大小。

例如：

```
strcmp("9", "11");                //1
strcmp("imut", "imut");           //0
strcmp("abc", "bcd");             //-1
```

5.3.5 strcat(str1，str2)：字符串连接函数

功能：连接两个 char 型数组 str1 和 str2。

说明：

(1) str1 足够长；

(2) str2 接到 str1 之后，存入 str1。

例如：

```
char str1[20]="Hello";
char str2[]="C 语言";
printf("%s", strcat(str1,str2));            //HelloC 语言
```

5.3.6 memset()：内存初始化函数

功能：将指定的内存地址进行初始化(俗称清 0)操作。

```
memset(&cnf_msg, 0x00, sizeof(cnf_msg));     //0x00 是十六进制的 0
memset(strbuf, 0, sizeof(strbuf));
```

5.3.7 memcpy()：内存复制函数

功能：memcpy 是内存复制函数。其作用是从源内存地址的起始位置(RoomNo)开始，复制 n 个字节到目标内存地址的起始位置(TermRoom[i])中。

memset 与 memcpy 经常配合使用，效率远高于 strcpy。

例如：

```
memset(TermRoom[i], 0x00, sizeof(RoomNo));          //置空,NULL
memcpy(TermRoom[i], RoomNo, sizeof(RoomNo));        //复制
```

5.4 二维数组

5.4.1 二维数组的定义

顾名思义，二维数组拥有两个长度变量，所谓二维是行(Row)、列(Column)的排列形式，故二维数组也称矩阵(Matrix)。

定义格式：

```
数据类型  数组名[行长][列长]=初始值;
```

格式一：

```
int da[2][3]={ {1,2,3},
               {4,5,6}};
```

格式二：

```
int da[2][3]={1,2,3,4,5,6};
```

各数组元素的值：同一维数组，下标从 0 开始；下标最大的数组元素为 da[1][2]。

```
da[0][0]=1;  da[0][1]=2;  da[0][2]=3;
da[1][0]=4;  da[1][1]=5;  da[1][2]=6;
```

默认赋值：

```
int da[3][4]={{1,2},
              {3}};
```

各数组元素的值：

```
da[0][0]=1;    da[0][1]=2;    da[0][2]=0;    da[0][3]=0;
da[1][0]=3;    da[1][1]=0;    da[1][2]=0;    da[1][3]=0;
da[2][0]=0;    da[2][1]=0;    da[2][2]=0;    da[2][3]=0;
```

问题 8　定义考查

请指出下列数组说明中的正误。

(1) float a[0];

(2) int b(2)(3);

(3) int k=3, a[k];

(4) float a[3,4],b[5,10];

(5) int a[3][4]; a[3][4]=3;

答案

全部错误。

解说

(1) 数组大小误设为 0，没有意义。

(2) 不能使用圆括号。

(3) 不能用变量说明数组大小,应为正整数、常量或常量表达式。

(4) 行、列不得混合定义。

(5) 下标越界,赋值时没有使用{ }。

5.4.2 二维数组的应用

问题 9 矩阵转置

将如下所示矩阵进行转置,以实现二维数组 a 的行、列元素互换,存储到另一个二维数组 b 中。

$$a=\begin{bmatrix}1 & 2 & 3\\ 4 & 5 & 6\end{bmatrix} \qquad b=\begin{bmatrix}1 & 4\\ 2 & 5\\ 3 & 6\end{bmatrix}$$

答案

程序清单:

```
#include<stdio.h>

main(){
    int a[2][3]={{1,2,3},{4,5,6}};              //数组 a 初始化,2 行 3 列
    int b[3][2], i, j;                          //数组 b 初始化,各元素值均为 0

    printf("Array a:\n");
    for(i=0;i<=1;i++){                          //亦或 i<2
        for(j=0;j<=2;j++){                      //亦或 j<3
            printf("%5d",a[i][j]);              //输出数域宽为 5
            b[j][i]=a[i][j];                    //转置值 i⇔j
        }
        printf("\n");                           //换行
    }

    printf("Array b:\n");
    for(i=0;i<=2;i++){
        for(j=0;j<=1;j++)
            printf("%5d",b[i][j]);
        printf("\n");
    }

    return 0;
}
```

程序运行结果:

```
Array a:
    1    2    3
    4    5    6
Array b:
    1    4
    2    5
    3    6
```

解说

转置矩阵：原矩阵 x 行 y 列，换成 y 行 x 列，即实现转置。

for 循环中，循环变量 i 或 j 的初始值设为 0，正好与数组最小下标一致，简化代码、方便理解。

方阵：特殊矩阵，即 n 行 n 列(n×n)。用二维数组存储时，两个下标长度相同。

问题 10　方阵：最值、求和

将一 3 阶方阵存入一个 3×3 的二维数组中，找出其中一个最大值，以及它所在的行和列的下标，并计算上三角部分之和及每行元素之和。

答案

程序清单：

```
#include "stdio.h"
#define N 3                                //定义常量阶数 N

main(){
    int m,n,i,j,max=0,upsum=0;             //初始化 max,upsum
    int dat[N][N],sum[N];

    for(i=0;i<N;i++){
        for(j=0;j<N;j++){
            scanf("%d",&dat[i][j]);        //逐个读取
        }
    }

    for(i=0;i<N;i++){                      //输出矩阵的常规方法
        for(j=0;j<N;j++){
            printf("%3d",dat[i][j]);
        }
        printf("\n");
    }

    for(i=0;i<N;i++){
        sum[i]=0;                          //初始化
        for(j=0;j<N;j++){
            if(max<dat[i][j]){             //求最值 MAX
                max=dat[i][j];
                m=i,n=j;
            }
            sum[i]+=dat[i][j];             //求每行累加和 SUM[i]
        }
        for(j=0;j<N-i;j++){                //终值为 N-i,对角元素递减
            upsum+=dat[i][j];              //求上三角累加和 UP-SUM
        }
    }
```

```
    printf("MAX=%d,LINE=%d,COW=%d\n",max,m,n);
    printf("UPSUM=%d\n",upsum);

    for(i=0;i<N;i++){
        printf("sum[%d]=%d\n",i,sum[i]);
    }

    return 0;
}
```

程序运行结果：

```
1 2 3 6 5 4 9 8 7↙
  1  2  3
  6  5  4
  9  8  7
MAX=9,LINE=2,COW=0
UPSUM=26
sum[0]=6
sum[1]=15
sum[2]=24
```

解说

程序设计时，方阵的阶数 N 将被大量使用，最好设置为活动的，且在头文件中设置妥当：#define N 3，代码调试时可先从设置 N 值为 1、2 入手，以减少数据的输入个数。

求和所用到的 int 型变量或数组，务必在累计前初始化。

其余参照本代码的注释。

注意

最值可能不止一个。

常见题设：计算主对角线、次对角线数值之和。

```
main1_Sum=0,main2_Sum=0;                          //主、次对角线和的变量
for(i=0;i<N;i++){
    for(j=0;j<N;j++){
        if(i==j)   main1_Sum+=dat[i][j];          //i==j 时，主对角线
        if(i+j==N-1) main2_Sum+=dat[i][j];        //i+j==N-1 时，次对角线
    }
}
```

问题 11　古典实例

杨辉三角形：第一列和主对角线的值均为 1，其余的一般位置的值是上一行的本列与前一列的和。

答案

程序清单：

```
#include "stdio.h"

main(){
    int i,j,n,a[20][20];                          //设置为 20 行/20 列以内
```

```
    scanf("%d",&n);

    for(i=0;i<n;i++){
        a[i][i]=1;                              //主对角线初始化
        a[i][0]=1;                              //首列初始化
    }

    for(i=2;i<n;i++){                           //从第 3 行开始(第 2 行也可,特殊位置)
        for(j=1;j<i;j++){                       //从第 2 列开始,且终值 j<i
            a[i][j]=a[i-1][j-1]+a[i-1][j];      //一般位置
        }
    }

    for(i=0;i<n;i++){
        for(j=0;j<=i;j++){
            printf("%5d",a[i][j]);              //域宽为 5 输出各元素值
        }
        printf("\n");
    }
    return 0;
}
```

程序运行结果:

```
8↙
    1
    1    1
    1    2    1
    1    3    3    1
    1    4    6    4    1
    1    5   10   10    5    1
    1    6   15   20   15    6    1
    1    7   21   35   35   21    7    1
```

解说

数值关系规则有以下三类。

(1) 第一列数值全部为 1,即 a[i][0]。

(2) 主对角线数值全部为 1,即 a[i][i]。

(3) 一般位置的数值计算公式:a[i][j]=a[i−1][j−1]+a[i−1][j]。

拓展:若输出一个正三角形的杨辉三角,如何调整输出格式?

第6章 函　　数

函数的英文是function，也有功能之意，故可以理解为：函数是完成一定功能的集合。C语言程序可以理解为是函数的集合。前面多次使用过的main()，其实就是一个函数，它是主函数，程序中仅有一个。此外，程序员也可以根据需要，自己定义函数。

6.1 函数预备知识

6.1.1 函数格式

函数的定义格式：

```
函数返回值=函数名(参数);
```

函数定义的说明：

(1) 对于标准函数的参数和返回值，它们的个数和类型是确定的；

(2) 有的函数既无参数，也无返回值。

6.1.2 main 函数

写法一：最简写法

```
main() {
    return 0;
}
```

写法二：

```
main (void){
    return 0;
}
```

void：表示无参数

return 0：返回数值，故 main 为 int 型。

特例：

```
void main(){
    /* return 0;   */
}
```

void：表示无返回值

6.2 函数的结构

问题1　关于函数的思考

下列程序能正常编译吗？为什么？

```
#include<stdio.h>

main() {
    char str[]="System Engineer";
    printf("%s %d", str, strlen(str));
    return 0;
}
```

答案

不能(因系统不同而异,VC++ 6.0 和 C-Free 5.0 环境是可以的)。

定义 strlen()函数的.h 文件没有被包含进来,故编译时会出现警告(Warning)或报错(Error)。头文件位置务必追加:

```
#include "string.h"
```

解说

C 语言的标准函数,使用之前务必在头文件中包含,即使用 include。

include 称为文件包含命令,在程序开始位置或利用独立的头文件记述。其意义是把尖括号<>或引号""内指定的文件包含到本程序中来。被包含的文件通常是由系统提供的,其扩展名为.h,因此也称为头文件或首部文件。C 语言的头文件中包括各个标准库函数的函数原型。因此,凡是在程序中调用一个库函数时,都必须包含该函数原型所在的头文件。

include 不以分号;结束。

问题 2　函数返回值

请说明下列函数的参数与返回值类型。

(1) strcmp();

(2) abs();　　　　//stdlib.h

(3) getchar;

(4) exit;　　　　//stdlib.h

答案

(1) 参数:两个字符串;返回值:int。

(2) 参数:int;返回值:int。

(3) 参数:无;返回值:char。

(4) 参数:int;返回值:无。

解说

函数是一系列处理的集合,并返回处理结果值。

函数的参数是指待传递的值。

例如,strlen 函数,运行时传递字符串参数,函数将计算此字符串的字符数,并将此值返回。

6.3 自定义函数

6.3.1 函数定义

自定义函数的格式:

```
函数类型  函数名(参数类型  参数名){
    程序处理语句;
    return  返回值;
}
```

实例：求两数最大值。

```
int max(int x, int y){                     //定义子函数 max
    int z;
    if(x>y) {z=x;} else {z=y;}             //z=x>y? x:y;
    return(z);                             //此处的()可省略
}
```

函数的规范书写位置：头文件位置，即 #include 之后。

6.3.2 函数调用方法

试分析下列程序段，理解函数调用过程。

```
#include<stdio.h>
int max(int x, int y){
    …
}


main(){
    int a, b, c;
    int max(int x,int y);                  //声明;x,y 形式参数(简称形参)
    scanf("%d %d", &a, &b);                //标准输入的两个数之间需用空格间隔
    c=max(a,b);                            //调用;a,b 实际参数(简称实参)
    printf("data_max=%d", c);
    return 0;
}
```

主函数中的 int 型变量 x，y 是形式参数，它们与子函数中的 int 型变量 x，y 分别不是同一变量，即作用范围不同，其定义域仅在本函数内有效。后续详细讲解。

问题 3　函数一般调用

求两数平均值(其中一数为 0 则返回)。

答案

程序清单：

```
#include<stdio.h>
float calc(int x,int y){
    float z;
    if((x==0)||(y==0)) {return 0;}        //如终了,则其后续代码不执行
    z=(x+y)/2.0;
    return z;
}
```

```
main(){
    float f=calc(4,5);
    printf("%f\n", f);
    return 0;
}
```

程序运行结果：

```
4.500000
```

解说

主函数 main 中，将数值 4 和 5 通过主函数传递到子函数中进行处理，并将结果值通过运行 return z 语句返回，让 calc 带回到主函数、赋值给 float 型变量 f。

如果曾传递的两个数中有一个为 0，则执行子函数中的 return 0 语句，本次程序运行结束。

试问：若将语句 z=(x+y)/2.0 修改为 z=(x+y)/2，程序运行结果会是什么？

注意

(1) 子函数定义一次，可以多次被调用；

(2) 不但主函数可以调用子函数，其他子函数也可以调用子函数（嵌套调用）；

(3) 子函数自身也可以调用自己（递归调用）。

问题 4　函数嵌套调用

求 4 个数中的最大值。

答案

程序清单：

```
#include<stdio.h>
int max2(int x, int y){                          //定义 max2
    if(x>y) {return x;} else {return y;};
}

int max4(int i, int j, int k, int l){            //定义 max4
    int max2(int x, int y);                      //声明 max2
    int emax;
    emax=max2(i,j);                              //CALL max2
    emax=max2(emax,k);                           //CALL max2
    emax=max2(emax,l);                           //CALL max2
    return emax;
}

main(){
    int max4(int x, int y, int z, int w);        //声明 max4
    int a, b, c, d, max;
    scanf("%d %d %d %d", &a, &b, &c, &d);
    max=max4(a,b,c,d);                           //CALL max4
    printf("max=%d", max);
```

```
    return 0;
}
```

程序运行结果：

```
30 10 50 20 ✓
max=50请按任意键继续. . .
```

解说

系列数求最值问题，两两比较便见分晓。这里只是为了用来解释问题。

首先定义了两个子函数，一个是两两数(两个 int 型参数)比较函数 max2，另一个是 4 个数(4 个 int 型参数)比较函数 max4。

4 个数比较时，分别进行了三次两两比较，便得结果。也就是说，主函数通过调用子函数 max4，传递了 4 个待比较的值过去，并且子函数 max4 又调用了三次另外的子函数 max2 进行比较。此乃嵌套函数的用法。

注意

参数的个数和类型一定要与曾定义的相匹配。

问题 5　函数循环调用

输出数组中 10 个数中的最大值及其位置。

答案

程序清单：

```
#include "stdio.h"

int max(int x, int y){
    return (x>y? x:y);
}

main(){
    int a[5]={10, 30, 50, 80, 40}, i;
    int m=a[0];                        //用第一个数初始化
    int n=1;                           //flag,记位用
    for(i=1;i<5;i++){
        if(max(m,a[i])>m){
            m=max(m,a[i]);
            n=i+1;
        }
    }
    printf("MAX=%d\n",m);
}
```

程序运行结果：

```
MAX=80 SITE=4
请按任意键继续. . .
```

解说

形式参数虽然是数组单元，但传递的依旧是单独的数值，这一点与普通变量无异。

子函数 max 被调用了 4 次，一次定义可多次被调用，一劳永逸。

试问：

(1) for 循环中的循环变量 i 的初始值为什么是 1，而不是 0？

(2) 如果数组 a 中的最大值有两个或两个以上时，将如何记位？

问题 6　函数定义次序

阅读并分析下列程序。

```
#include "stdio.h"

void prtStr(char str[], int m){                    //控制输出次数
    int i;
    for(i=0;i<m;i++)
        printf("%s\n",str);
}

void readValue(void){                              //赋值：字符串、数值
    char str[10];
    int x;
    printf("Please input the string:");
    scanf("%s",str);                               //&str 亦可，因为 str 是数组
    printf("Please input the number:");
    scanf("%d",&x);
    prtStr(str,x);
}

main(void){
    readValue();
    return 0;
}
```

答案

程序运行结果：

```
Please input the string:HelloKitty↙
Please input the number:3↙
HelloKitty
HelloKitty
HelloKitty
请按任意键继续. . .
```

解说

main 主函数：仅调用了一次 readValue 子函数。

readValue 子函数：将读取的字符串和数值，以参数形式传递给 prtStr 子函数。无返回值。

prtStr 子函数：接收参数，并按要求输出。无返回值。

试问：标准输入字符串时，如果中间夹有空格，程序将会怎样运行？

注意

如果将 readValue 和 prtStr 两个子函数的书写位置颠倒,会出现什么现象?

将出现编译错误。因为 readValue 函数中调用了 prtStr 函数,故有必要先定义 prtStr 函数。

同理,自定义函数如果放到 main 函数之后定义,将出现编译错误。

拓展:此类编译错误可以避免,即在头文件位置声明,如下。

```
#include "stdio.h"
void readValue(void);                        //声明 readValue 函数
void prtStr(char str[], int m);              //声明 prtStr 函数

main(void){
    readValue();
    return 0;
    }

void readValue(void){
    char str[10];
    int x;
    printf("Please input the string:");
    scanf("%s",&str);
    printf("Please input the number:");
    scanf("%d",&x);
    prtStr(str,x);
    }

void prtStr(char str[], int m){
    int i;
    for(i=0;i<m;i++)
        printf("%s\n",str);
    }
```

子函数一旦声明,可以在任意位置定义,均不会出现编译错误。

声明语句的书写不拘泥顺序,不过有不同的写法,后续章节将有介绍。

基本格式:

```
函数的类型  函数名(参数的类型  参数);

void prtStr(char*, int);
void readValue(void);
```

注意:语句需要以;结束。在实际工程中,严格遵循先声明、后定义的原则。

问题 7　递归调用

函数递归调用的两个条件:一是子函数自身调用自身;二是要有终止条件。

试分析以下程序段,当 d=4 时,子函数的输出结果是什么?

```
void recall(int d){
    printf("%d ", d);
    if(d>0){recall(d-1);}
}
```

答案

子函数的输出结果：

```
4 3 2 1 0 请按任意键继续. . .
```

解说

void 表示 recall 函数无返回值，只进行了输出和判断处理。

注意

调用是有条件的，if(d>0)不成立时，则不调用。

问题 8 典型递归实例

求 n!。

$$n! = \begin{cases} 1 & (n=0,1 \text{ 时}) \\ n*(n-1)! & (n>1 \text{ 时}) \end{cases}$$

答案

程序清单：

```
#include "stdio.h"

int fuc(int n){
    int f;
    if(n==0 || n==1) {f=1;}          //可以简化为: if(n==1) {f=1;}
    else{f=n*fuc(n-1);}
    return f;
}

main(){
    int fuc(int x);                  //声明
    printf("n!=%d\n",fuc(5));        //待传递参数 5
    return 0;
}
```

程序运行结果：

```
n! = 120
```

解说

参照“算法”中递归章节的说明。

6.4 变量的范围

变量的范围是指变量在程序中的作用范围，即定义的变量在哪些函数中是有效的。据此，变量可以分为局部变量和全局变量。

(1) 局部变量：函数内部定义的变量，仅在函数内部有效。

(2) 全局变量：函数外部定义的变量，所有函数里均有效(慎重使用)。

问题 9　局部变量的适用范围

主函数中 scanf 的标准输入值为 4 时，①～④中 y 的值分别是多少？

```
#include<stdio.h>
int calc(int x){
    int y=2;                                //①
    y*=x;
    return y;                               //②
}

main(void){
    int x,z;
    int y=2;                                //③
    scanf("%d", &x);
    z=calc(x);
    printf("%d %d %d", x, y, z);            //④
    return 0;
}
```

答案

① 2

② 8

③ 2

④ 2

解说

同样是 int 型的变量 x，y，但是在 main()和 calc()两个函数里均被定义，各自却没有任何关联。

问题 10　全局变量的适用范围

同问题 9，主函数中 scanf 的标准输入值为 4 时，②④中 y 的值分别是多少？

```
#include<stdio.h>
int y=2;                                    //y 被定义成了全局变量

int calc(int x){
    y*=x;
    return y;                               //②
}

main(void){
    int x,z;
    scanf("%d", &x);
    z=calc(x);
    printf("%d %d %d", x, y, z);            //④
```

```
    return 0;
}
```

答案

② 8

④ 8

解说

自始至终，y 只会有一个结果值。

注意

全局变量、局部变量混用时，相同变量名优先局部变量。

但是，应尽可能避免相同变量名的全局变量、局部变量的混合使用。

第7章 指　　针

指针(Point)是C语言中一个极其重要的概念,使用灵活、方便,但是对于初学者来说不太容易掌握,除了多上机、勤思考之外,别无他法。

由于指针与地址密切关联,故先以计算机内存地址的基础知识为切入点,展开本章的讲解。

7.1 变量的地址及大小

在计算机中,存在一个叫内存的硬件。计算机中软件启动时,其数据暂时存放于内存中。如果关闭计算机后,原来内存中的数据将自动被释放。

而软件自身,以及创建的文件,均可保存在计算机的硬盘、CD、DVD等介质中,此类数据在关闭计算机电源后,其内容依然存在,并不消失。

问题1　试运行下列程序

```
#include<stdio.h>

main(){
    int i;
    scanf("%d",&i);
    printf("输入值:%d",i);
    return 0;
}
```

程序运行后,通过标准输入方式输入数值4,变量i存储的值即为__①__。接下来printf输出变量i的值,输出值为__②__。

关于变量i,在程序开始时,以__③__型做了定义,即在内存中确保有存放变量i的区域。因为这个区域是在内存中,故仅限于在程序运行时有效。

用scanf存放到变量i中的值,被__④__起来。

如是,程序中所使用到的数据,仅在程序运行时暂时,在内存中保存。

答案

①4　②4　③int　④保存

问题2　试执行下列程序

```
#include<stdio.h>

main(){
    int i;
    scanf("%d",&i);
    printf("变量 i 的值: %d  变量 i 的地址: %X",i,&i);
    return 0;
}
```

提示

内存以 1B 为单元来划分，各自单元被分配有编号，此编号通常称为“地址”，即所谓的内存地址。

如图 7-1 所示，程序运行时，在内存中变量 i 的区域被分配。本例中编号为 64fdf8 的地址作为保存场所。其后，参照变量 i 的值时，这个 64fdf8 地址就是参照编号。

地址的编号是在编译时决定的。

关于变量的地址，在变量名前追加 &，便认为可参照。

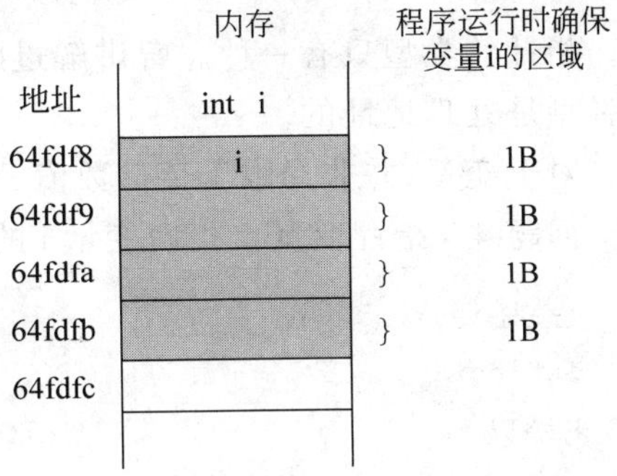

地址	内存	程序运行时确保变量i的区域
	int i	
64fdf8	i	1B
64fdf9		1B
64fdfa		1B
64fdfb		1B
64fdfc		

图 7-1　变量在内存中的地址

答案

变量 i 的值：4；变量 i 的地址：64fdf8。

（地址值因编译环境不同而异。以整数值方式表示便可。）

解说

在表示地址编号时，通常用十六进制的表达方式，即%x（表示小写）或%X（表示大写）。

问题 3　int 型变量 i、char 型变量 c、double 型变量 d，请赋恰当的值，试编程并输出此值及其参照地址。

答案

```
#include<stdio.h>

main(){
    int i=4148;
    char c='m';
    double d=3.1415926;
    printf("变量 i 的值:%d  变量 i 的地址:%X\n",i,&i);
    printf("变量 c 的值:%c  变量 c 的地址:%X\n",c,&c);
    printf("变量 d 的值:%lf  变量 d 的地址:%X\n",d,&d);
    return 0;
}
```

解说

某编译环境程序运行结果如下。

```
变量i的值:4148   变量i的地址:22FF44
变量c的值:m   变量c的地址:22FF43
变量d的值:3.141593   变量d的地址:22FF38
```

地址值因系统环境不同而异。三个变量被存放的地址间隔并不一定连续。

内存中被分配的区域大小，因变量的数据类型不同而异。int 型是 4B、char 型是 1B（由于编译环境不同，可能也不完全是这样）。

例如，int 型的数据，此例中的地址是 22FF44。因为内存是以 1B 为单位划分的，故从 22FF44 开始的 4B，即地址 22FF44～22FF47 是被用来保存变量 i 的。

用 &i 表示地址，指存放变量 i 区域的最开始的位置，即首地址。

7.2 指针基础知识

指针的类型只有一种。曾讲解过的 int 型是处理整数的、char 型是处理字符的。同样，指针型是处理地址的。

对于变量，并非局限于存储数值、字符之类的数据，也可以存储地址，此所谓指针变量。

问题 4 指针变量 p 指向变量 i 的地址：

```
int i=8;
int *p;
p=&i;
```

此时，下列的输入语句将分别输出什么样的值？

(1) printf("%X", p);

(2) printf("%d", *p);

答案

(1) 变量 i 的地址（指针变量 p 的值，如 22FF44）。

(2) 变量 i 的值（指针变量 p 指向的值，如 8）。

解说

(1) 指针变量同普通变量一样，首先需要声明，其类型与所指向的数据类型相同。指针变量名前要附加 *。

(2) 若变量 i 的地址 &i 代入指针变量 p，则指针变量 p 就指向了变量 i 的地址。

(3) 指针变量 p 中存放着变量 i 的地址，指针变量所指变量 i 的值用 *p 表示。

(4) * 也可理解为是指针运算符（而 & 是地址运算符）。

综上，整型变量 i 的值是 8，指针变量 p 的值是 22FF44，而 * 的功能是取值，取地址 22FF44 中存放的值，即 8，如图 7-2 所示。

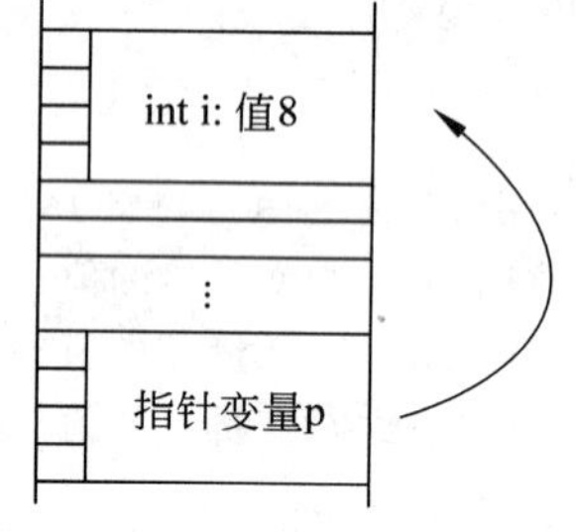

图 7-2 指针变量 p 指向 int i 的地址

注意

指针变量声明也可写作：

```
int*  p;
```

指针（地址）的输出格式可写作：

```
printf("% p\n", &i);
```

问题 5 指针变量赋值如下，请回答指针指向哪里。

```
int *p=NULL;
```

答案

指针不指向任何位置。

解说

代入 NULL,意思是不指向任何位置的 NULL 指针(俗称空指针)。如果参照这种指针变量 p,程序可能会出现错误(因编译系统不同而异,部分 C 语言编译器将 NULL 定义为 0,十六进制表示为 0x00。NULL≠null),实际工程中会遇到。

问题 6 最简指针程序

试执行下列程序。

```
#include<stdio.h>

main(){

    int i=8;
    int *p;
    p=&i;

    printf("指针 p 指向的值:%d\n", *p);
    i=10;
    printf("指针 p 指向的值:%d\n", *p);
    return 0;
}
```

答案

程序运行结果:

```
指针 p 指向的值:8
指针 p 指向的值:10
```

解说

指针变量 p 是指变量 i 的地址。若变量 i 的内容变化了,指针变量 p 的指向源的值 *p 也随着变化。

7.3 指针的简单应用

问题 7 int 型数组元素的地址

编程实现以下数组中各元素的值及其地址的输出。

```
Int data[]={63, 42, 95, 71};
```

答案

```
#include<stdio.h>

main(){

    int data[]={63, 42, 95, 71};
    int i;
    for(i=0; i<4; i++){
```

```
        printf("data[%d]的值:%d 地址:%X\n", i, data[i], &data[i]);
    }
    return 0;
}
```

程序运行结果如下。

```
data[0]的值:63 地址:22FF30
data[1]的值:42 地址:22FF34
data[2]的值:95 地址:22FF38
data[3]的值:71 地址:22FF3C
```

解说

由此实例可见，data[0]的地址为22FF30，且data[1]、data[2]、data[3]的地址间隔均为4。

数组data的数据类型为int型，各元素占用的存储空间为4B。

问题8　int型数组的首地址

int型数组data的&data[0]的地址是18FF44，求(1)～(4)的地址是多少。

(1) &data[1]

(2) &data

(3) data

(4) data+1

答案

(1) 18FF48(元素data[1]的地址)

(2) 18FF44(数组data的首地址)

(3) 18FF44(数组data的首地址)

(4) 18FF48(data首地址开始的次一个地址)

解说

数组名data可表示数组的首地址，data+1表示其下一个地址，即数组元素data[1]的地址；同样，data+2表示元素data[2]的地址，以此类推。

数组&data和&data[0]表示的是同一个地址，与data一样，在本例中均可以用来表示数组data的首地址。

各元素具体地址值列表如下。

i	data[i]	&data[i]
0	71	18FF44　(已知)
1	80	18FF48
2	47	18FF4C
3	12	18FF50

注意

data+1并非单纯地表示首地址值加数值1。

问题9　*的应用

要求同问题7，但使用*来实现。

```
#include<stdio.h>

main(){

    int data[]={63, 42, 95, 71};
    int i;
    for(i=0; i<4; i++){
        printf("data[%d]的值:%d 地址:%X\n", i, *(data+i), data+i);
    }
    return 0;
}
```

答案

程序运行结果如下。

```
data[0]的值:63 地址:22FF30
data[1]的值:42 地址:22FF34
data[2]的值:95 地址:22FF38
data[3]的值:71 地址:22FF3C
```

解说

因为 data+i 表示地址,故其前面追加间接运算符 * 之后,可参照到数组各元素值。

注意

依据运算符的优先运算顺序,*data+i 将无法得到正确的值,希望优先的(data+i)表达式,务必加小括弧。

问题 10　sizeof()应用

字符串操作也可以使用指针,例如,printf("%s",pStr);可输出字符串。变量的大小由 sizeof()运算符计算。试读出下列程序的运行结果。

```
#include<stdio.h>

main(){
    char str[]="edu.cn";
    char *p="edu.cn";
    printf("%d  ", sizeof(str));
    printf("%d  ", sizeof(p));
    printf("%d  ", sizeof(*p));
    return 0;
}
```

答案

7　4　1

解说

字符串 str 末尾的字符必是空控制符,即\0,故其大小为 7;指针变量本身的大小为 4B,与指向源的数据类型无关,因此 p 的大小为 4;* p 是字符,大小为 1,如图 7-3 所示(此处的¥0 即为\0,此乃编译器/编辑器显示的问题,在利用不同语言版本的编译器或编辑器开发时也可能会遇到)。

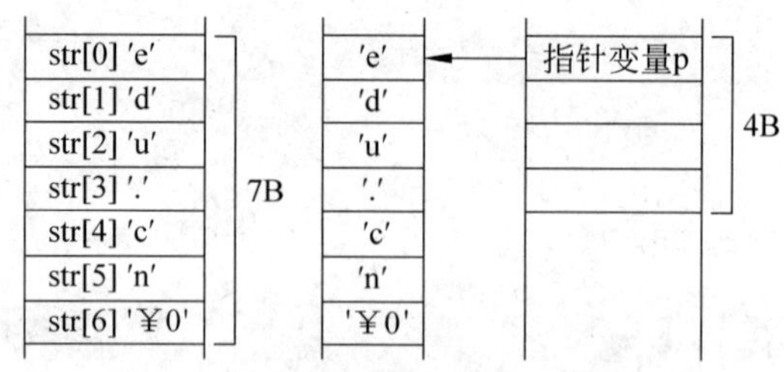

图 7-3　各变量大小示意图

sizeof()在产品开发实践中经常被用到，如与 memcpy()组合使用等。

注意

sizeof 为运算符，strlen 为函数，请理解下例。

```
char str[20]="3.14159";
int a=strlen(str);                //a=7
int b=sizeof(str);                //b=20
```

问题 11　字符串与指针

通常使用指针时，数组的地址需要用指针来设定；如果是字符串，则完全没有必要使用数组，而是直接用指针指向从内存中得到的字符串地址。

试思考下面的字符串赋值变更时，使用指针的优势。

```
char  *pStr  ="edu.cn";
pStr="C 语言";
```

答案

利用赋值运算符代入字符串时，除变量初始值外，通常用 strcpy()或 memcpy()函数来完成。

字符串赋值变更时，往往需要考虑字符串的长度。

解说

如本例，字符串指针 pStr 最初指的是字符串"edu. cn"的首地址；赋值变量后，指针 pStr 随着变为"C 语言"的首地址。

指针 pStr 分别存放的是字符串的首地址，因此重新赋值后，根本没有必要考虑变更后字符串的长度。

问题 12　字符串序列与指针数组

采用标准输入方式输入整数，输出该整数所对应的月份，试编程实现。

答案

```
#include "stdio.h"

main(){
    char *month[]={
        "Jan","Feb","Mar","Apr","May","Jun",
        "Jul","Aug","Sep","Oct","Nov","Dec" };
    int i;
```

```
    scanf("%d", &i);
    if(i>=1  &&  i<=12)
        printf("%d %s", i, month[i-1]);
    return 0;

}
```

解说

使用指针数组,将字符串系列{"Jan","Feb",…,"Dec"}分别存放于数组之中,数组中各元素是指向各个字符串的指针,此乃被称之为指针数组的缘由。

详解如图 7-4 所示。首先,从内存的某一位置获得 "Jan","Feb",…,"Dec" 的各个字符串首地址,再用指针数组 month[0],month[1],…,month[11] 设定。

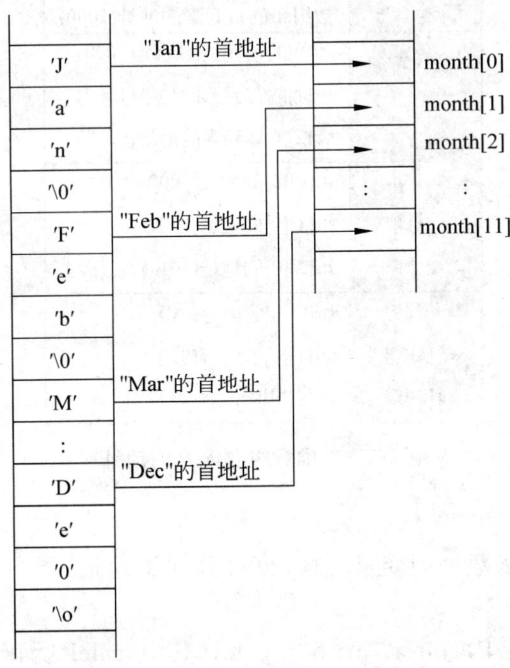

图 7-4　指针数组与字符串首地址

注意

对于字符串系列(两个以上字符串),也可以用二维数组表示。例如:

```
char str[3][7]={
    "ABC", "DEFGHI", "JK"
};
int i;

for(i=0; i<3; i++) {
    printf("%s\n", str[i]);
    }
```

输出结果:

```
ABC
DEFGHI
JK
```

二维数组存储示意图如图 7-5 所示。

	地址	[0]	[1]	[2]	[3]	[4]	[5]	[6]
[0]:	1000	'A'	'B'	'C'	'\0'			
[1]:	1007	'D'	'E'	'F'	'G'	'H'	'I'	'\0'
[2]:	1014	'J'	'K'	'\0'				

图 7-5　二维数组存储示意图

二维数组各元素的地址如图 7-6 所示。

str	数组str的首元素的地址(1000)
str[0]	str[0]的首元素的地址(1000)
str[1]	str[1]的首元素的地址(1007)
str[2]	str[2]的首元素的地址(1014)
&str[0][0]	str[0][0]的地址(1000)
&str[1][0]	str[1][0]的地址(1007)
&str[2][0]	str[2][0]的地址(1014)
str[0][0]	str[0][0]的内容('A')
str[1][0]	str[1][0]的内容('D')
str[2][0]	str[2][0]的内容('J')

图 7-6　二维数组各元素的地址

问题 13　函数指针

程序运行时，自定义函数如同变量一样，也被分配了地址，指向函数地址的指针称为函数指针。

定义格式：int (* calcP)(int a, int b)＝calc;(其中，calcP 为函数指针变量名)

试用函数指针实现：求两个数和的返回值的自定义函数程序。

答案

```
#include "stdio.h"

int calc(int i, int j) {return i+j;}

main(){
    int (* calcP)(int a, int b)=calc;
    int x, y;
    scanf("%d %d", &x, &y);
    printf("%d", (* calcP)(x, y));
    return 0;
}
```

程序运行结果：

解说

函数指针 calcP 的初始值被设定为函数 calc 的地址。

注意

此处的 calcP(x, y)与(* calcP)(x, y)等价。

此外,(* calcP)两端的括弧不能省略。

问题 14　函数指针数组

若存在两个以上自定义函数,且它们的所有参数均一样时,可以考虑存储函数指针到数组、将各自的函数地址代入。

拓展问题 13,编程计算由键盘输入的两整数的和、积、商。

答案

```
#include "stdio.h"

int calc1(int i, int j) {return i+j; }
int calc2(int i, int j) {return i*j; }
int calc3(int i, int j) {return i/j; }

main(){
    int (*calc[3])(int a, int b)={calc1, calc2, calc3};
    int x, y, m;
    scanf("%d %d", &x, &y);
    for(m=0;m<3;m++){
        printf("calc%d:%d\n", m+1, (*calc[m])(x, y));
    }
    return 0;
}
```

程序运行结果：

```
10 5 ↙
calc1:15
calc2:50
calc3:2
```

解说

calc1、calc2、calc3 三个自定义函数中的参数类型、个数完全一致,对应各自函数的地址,分别存储到函数指针数组 calc[0]、calc[1]、calc[2] 之中。

注意

自定义函数的声明,置于 main()函数之后定义也可,但习惯上被书写到如例所示位置。

问题 15　指针的指针

int 型变量 i、指针 p、p 指针的指针 pp 分别定义如下列程序,试填写①～③。

```
#include "stdio.h"
```

```
main(){
    int i=5;
    int *p, **pp;
    p=&i;
    pp=&p;

    printf("%d %d %d\n", i, *p, **pp);
    printf("i 的地址:%X\n",  &i);
    printf("p 的地址:%X\n",  ①);
    printf("p 所指向的地址:%X\n", ②);
    printf("pp 所指向的地址:%X\n", ③);
    return 0;
}
```

答案

① &p

② &(*p)

③ &(*pp)

其运行结果为：

```
5 5 5
i的地址:22FF44
p的地址:22FF40
p 所指的地址:22FF44
pp所指的地址:22FF40
```

解说

(1) 顾名思义，指针的指针就是指向指针的指针。p 指向 i 的地址，pp 所指向的是 p 的地址。

(2) *p 的值是 p 所指向的地址所拥有的值，即 i 的值。

(3) **p 的值是 pp 所指向的地址所拥有的值，即所指向的变量的值，故 i、*p、**p 是同一值。

(4) 同理，诸如***，则表示的是指针的指针的指针。

7.4 指针传递变量

问题 16 数值传递

本代码段是利用子函数、值传递方式，实现了两个数的平方和计算。试分析在程序运行时，①～③中 x、y 的值分别是多少。

```
#include "stdio.h"

int calc(int x, int y){
    x *=x;  y *=y;
    return x+y;                    //③
```

```
}
main(){
    int x, y, r;
    scanf("%d %d", &x, &y);
    x++; y++;                                   //①
    r=calc(x, y);                               //②
    printf("%d\n",r);
    return 0;
}
```

答案

当标准输入为 2 和 3 时：

① x＝3，y＝4

② x＝3，y＝4

③ x＝9，y＝16

其运行结果为：

```
2 3 ↙
25
```

解说

main()函数中的变量 x、y 与自定义函数 calc 中的变量 x、y 是完全不同的变量。尽管名字本身相同，但是在内存中存储区域不同、作用范围各异。

main 函数调用 calc 子函数时，main 函数中作为参数的 x＝2、y＝3 被传递；calc 子函数仅将值 2、3 接收，并分别复制到 calc 子函数中的变量 x、y 中，如图 7-7 所示。

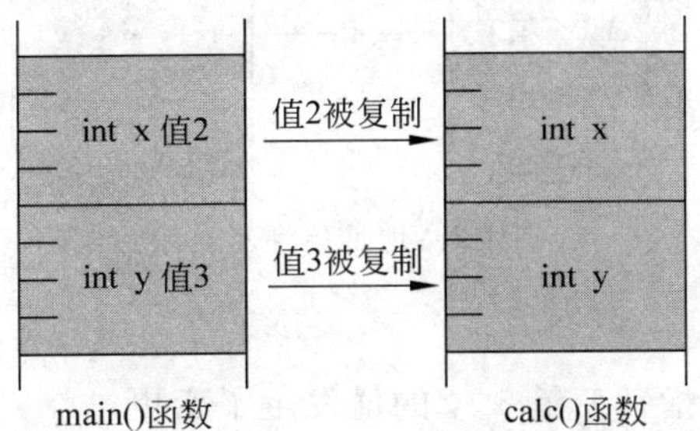

图 7-7　主函数·子函数的变量存储区域

问题 17　地址传递

数值传递是值复制方式，其实复制源存储位置在内存中是有具体地址的；如果将此地址让某指针指向，便可找到此地址中的值，这就是所谓的“地址传递”。

源程序如下，分析并写结果（注意变量 x、y 值的变化）。

```
#include "stdio.h"

int calc(int* x, int* y){
    *x *=*x;
    *y *=*y;
```

```
    return  *x+*y;
}

main(){
    int x, y;
    scanf("%d %d", &x, &y);
    x++; y++;
    printf("%d\n", calc(&x, &y));
    printf("x=%d, y=%d\n", x, y);
    return 0;
}
```

答案

其运行结果为：

```
2 3 ✓
25
x = 9, y = 16
```

解说

被传递的参数是地址，函数获取地址值后，将其存放到指针变量中待用。

实际上，地址传递也是将地址复制，与值传递类似，如图 7-8 所示。

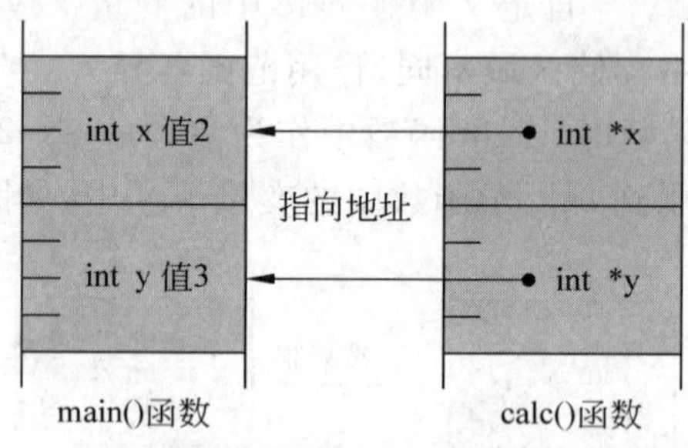

图 7-8　地址传递示意图

注意

地址传递时，子函数中指针变量 x、y 的值发生了变更。

子函数被调用前后，主函数中变量 x、y 的值也随着改变了；如果不希望主函数中变量 x、y 的值发生变化，则 calc 函数程序可修改如下。

```
int calc(int* x, int* y){
    int x1=*x**x;
    int y1=*y**y;
    return  x1+y1;
}
```

综上，问题 16 和问题 17 的数值、地址传递实例中，子函数的返回值仅有一个。

问题 18　地址传递(多个返回值)

求两个数的商和余数。

答案

```
#include "stdio.h"

void divide(int x, int y, int *p){
    *p    =x/y;
    *(p+1)=x %y;
}

main(){
    int x, y, r[2];
    scanf("%d %d", &x, &y);
    divide(x, y, r);
    printf("%d %d %d %d\n", x, y, r[0], r[1]);
    return 0;
}
```

其运行结果为:

```
16 3↙
16 3 5 1
```

解说

(1) 自定义的子函数 divide 并无返回值,故使用保留字 void。

(2) 数组 r 长度定义为 2,分别用来存放商和余数。

(3) 指针 p 指向数组 r 的首地址(主函数中地址传递),即让 p 指向商、p+1 指向余数。

(4) 指针优势:"返回"值可以是多个,工程应用极广(函数做不到)。

拓展:可利用此编程理念,求两个数的最大公约数和最小公倍数。

问题 19　地址传递(交换数组值)

利用地址传递原理,设计交换下面两个数组的值的程序。

```
int dt1[3]={1, 2, 3};
int dt2[3]={11, 12, 13};
```

答案

```
#include "stdio.h"

void swap(int *x, int *y){
    int tmp;                          //临时变量
    tmp=*x; *x=*y; *y=tmp;            //交换
}

main(){
    int dt1[3]={1, 2, 3};
    int dt2[3]={11, 12, 13};
    int i;
```

```
    for(i=0; i<3; i++) {
        swap(&dt1[i], &dt2[i]);
    }

    for(i=0; i<3; i++) {
        printf("%d %d\n", dt1[i], dt2[i]);
    }
    return 0;
}
```

其运行结果为：

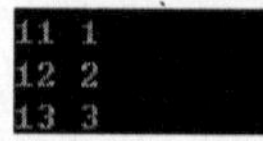

解说

拟交换的两个数的地址，被作为参数传递，子函数接收并完成了具体数值的交换。

7.5 程序运行时的参数应用

程序运行时参数获取，main()采用如下格式：

```
main(int argc, char * argv[]) {…}
```

argc：参数的个数(包括程序名)。

argc[]：指针数组，顺序存放各参数。

问题 20 指针数组——程序运行时的参数

设计：传递“edu”、“cn”这两个参数的程序。

答案

```
#include "stdio.h"

main(int argc, char * argv[]){
    int i;
    for(i=0; i<argc; i++) {
        printf("argv[%d]=%s\n", i,argv[i]);
    }
    return 0;
}
```

解说

如图 7-9 所示，在弹出对话框中“参数”编辑框中输入“edu cn”(空格分隔)，单击“确定”按钮后，完成参数设定。

其运行结果为：

```
argv[0]= E:\Class\C语言\C语言选题_马瑞强\Debug\Chapter7\Q20.exe
argv[1]= edu
argv[2]= cn
```

图 7-9　菜单方式参数设置

参数个数：3(文件名、edu、cn)。

数组元素：如图 7-9 所示。

注意

DOS 环境下运行过程如图 7-10 所示，参数置于可执行文件名之后，并用空格分隔。

图 7-10　命令方式参数设置

第8章 结　构　体

在中国古代战场，存在马弓手这样的兵种，三国时期的关羽和张飞成名之前就是马弓手。所谓马弓手，首先必须是士兵，其次要拥有马和弓箭。也就是说士兵、马、弓箭是构成马弓手的基本要素，是马弓手的集合。这个集合就相当于本章所要介绍的结构体（struct），士兵、马、弓箭相当于这个结构体中的数据。

8.1 结构体简介

结构体是不同基本数据类型的信息，组合后形成一个独立的新数据类型（结构体类型）。

例如，学生信息（学号、姓名、身高），组合后形成一个单独的数据类型，以方便统一处理，称其为学籍管理。

8.1.1 结构

结构体的结构：

```
struct 结构体 {
    类型 1  变量名 1;
    类型 2  变量名 2;
        …
}
```

结构体的实例：

```
struct student {
    int number;
    char name[20];
    float  height;
}
```

说明：

(1) struct 是定义数据类型的关键字。

(2) 结构体一旦声明，就具备了与 int、char、float、double 等数据类型同等的功能。

(3) 变量名 1、变量名 2、…称为结构体的成员，定义方法与普通变量完全相同。

8.1.2 声明-定义-参照

结构体如同变量，要想使用，务必先声明；然后再对结构体变量做定义。具备了上述两步，才可以参照使用。

1. 声明

```
struct student {                //声明 student 为结构体
    int number;                 //整数,表示学号
    char name[20];              //字符串,用数组表示
    float height;               //实数,表示身高
};
```

2. 变量定义

```
struct  student  stu1, stu2, stu3;       //将三个变量定义成了结构体
```

3. 参照

```
stu1.height                      //表示所属,用句点连通
stu1.name
```

综上,变量声明和定义可以合并,如下:

```
struct student {
    int number;
    char name[20];
    float height;
} stu1, stu2, stu3;
```

注意:

诸如结构体 student 型和变量名 stu1,stu2,stu3,在程序设计时往往作为全局变量来定义,以方便其在 main()函数和各个子函数中被随意使用。

格式如下:

```
#include "stdio.h"
全局变量声明、变量名定义;

main(){
    局部变量定义;
    标准输入;
    赋值;          //字符串赋值,工程中多用 memcpy/strcpy
    输出;
}
```

下面用实例来巩固这部分知识。

问题 1　结构体应用

对学生身高进行排序。

答案

分析:

对学生的身高排序,其实最终输出的是学生的姓名与学号,三者关联,不使用结构体,很难解决。

设计程序的大体结构可分为:头文件中对结构体的全局变量声明,以及 main()函数中对结构体的赋值操作、排序、输出处理。基本框架如下。

```
#include "stdio.h"
全局变量声明;

main(){
    struct student stu[30]={{1301, "ABC",1.75},…};
```

```
    局部变量定义;
    身高排序(相关信息更新:temp 结构体);
    输出;
}
```

声明:

参照前述。

赋值:

```
struct student stu[6]={{1301,"AB",1.76}, {1302,"CD",1.80},
                       {1303,"EF",1.65}, {1304,"GH",1.90},
                       {1305,"PQ",2.05}, {1306,"ST",1.77}
                      };
```

注:给结构体赋值时,至少要用到两组大括号,内部的大括号包围每一个数组单元的三个成员,外围的大括号包围全体。

排序(方法一):

```
for(i=0;i<5;i++){
    k=i;                          //k 分别取到每一个人的信息
    for(j=i+1;j<6;j++) {
        if(stu[k].height<stu[j].height) {
            k=j;                  //k: 最值下标
        }
    }

    /* stu[k] 与 stu[i] 交换值,结构体整体(全部成员)赋值
    temp 务必是 struct 型的,只有结构相同,才可传递数值。
    声明方法: struct student temp;              */

    temp=stu[k];
    stu[k]=stu[i];
    stu[i]=temp;
}
```

结果输出:

```
for(i=0; i<6; i++) {
    printf("%10d %5s %10f \n",stu[i].number, stu[i].name, stu[i].height);
}
```

解说

上述的方法一排序法,俗称选择法;类似的还有另外一种排序方式叫冒泡法。

排序(方法二):

```
for(i=0;i<5;i++){
    for(j=i+1;j<6;j++) {
```

```
        if(stu[i].height<stu[j].height) {
            temp=stu[j];
            stu[j]=stu[i];
            stu[i]=temp;
        }
    }
}
```

8.1.3 结构体的 typedef 定义法

结构体声明还有另外一种书写方式，用 typedef struct 提示，如下。

```
typedef  struct  结构体名{
    类型 1  变量名 1;
    类型 2  变量名 2;
    …
}结构体名;
```

```
typedef struct  student {
    int  number;
    char  name[20];
    float  height;
} student;
```

结构体类型：

```
student  stu[6];
```

结构体名：

```
student  temp;
student  *p;
```

与第一种定义法比较，相异点一目了然。此法在定义时更为便捷。

8.1.4 结构体嵌套

在结构体声明中，结构体的成员也可以是结构体，称为“嵌套”。例如：

```
typedef  struct  job {
    char  job_name[10];                //职种
    int  term;                         //工龄
} job;

typedef  struct  member {
    char  name[20];
    int  age;
    job  job_base;                     //基础信息
} member;
```

上述代码，分别是 job 和 member 两个结构体的声明，但是 member 结构体中成员之一的数据类型 job，是一个独立的结构体类型。这种定义方式信息量大，工程中多见。

赋值方法：

```
member  mb={"ZX", 28, "BSE", 6};
```

斜体的两个数据是mb结构体中的第三个成员(其中又包含两个子成员)。

问题2　结构体嵌套应用

下列(1)～(4)分别表示的值是多少？

(1) mb.name

(2) mb.age

(3) mb.job_base.job_name

(4) mb.job_base.term

答案

结果：

(1) ZX

(2) 28

(3) BSE

(4) 6

解说

结构体嵌套采用句点运算符，逐级追溯数据，如(3)和(4)。

注意

技巧：输入mb.之后，会自动弹出所属成员列表，选择便可，如图8-1所示。

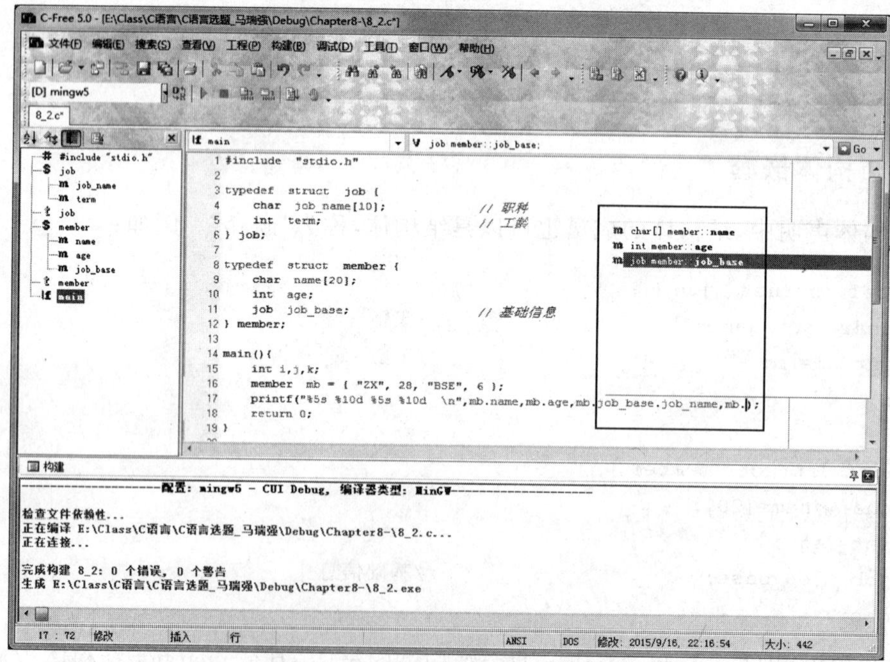

图8-1　编译器显示结构体所属内容

8.2 结构体指针

顾名思义,结构体指针是指向结构体变量的指针。

问题 3 指针参照结构体

请使用结构体指针,编程实现人员基础信息的输出。

核心代码清单如下。

```
typedef struct student {
    int no;
    char name[10];
    double height;
} student;

student stu={1305, "LSH", 1.91};
student *p;

p=&stu;
printf("%d %s %lf", (*p).no, (*p).name, (*p).height);
printf("%d %s %lf", p->no, p->name, p->height);
```

答案

程序运行结果:

```
1305 LSH 1.910000
1305 LSH 1.910000请按任意键继续. . .
```

解说

用指针 p 引用 name 的方法:

(1) (*p).name

(2) p->name

问题 4 结构体赋值

请使用标准输入给结构体赋值。

答案

```
#include "stdio.h"
typedef struct member {
    char name[20];
    int age;
}member;

main(){
    member mb;
    scanf("%s %d", &mb.name, &mb.age);
    printf("%s %d", mb.name,mb.age);
    return 0;
}
```

程序运行结果：

```
Frank 42↙
Frank 42请按任意键继续. . .
```

解说

结构体类型，同基本数据类型一样，也可以作为函数的参数(point)或返回值。

问题 5　指针传递结构体

请使用 point 传递参数(此处为结构体)。

答案

核心代码示例。

```
void prtstu(member *p) {
    printf("%s %d",(*p).name,(*p).age);            //句点分隔法
    printf("%s %d",p->name,p->age);                //箭头指向法
}

main(){
    member mb;
    scanf("%s %d", &mb.name, &mb.age);
    prtstu(&mb);
    return 0;
}
```

程序运行结果：

```
imut 2016↙
imut 2016
imut 2016请按任意键继续. . .
```

解说

万变不离其宗，指针永远指向的是地址。

函数定义方法：

```
void prtstu(member *data);
```

函数调用方法：

```
prtstu(&mb);
```

结构体可作为函数的参数(point)或返回值，这一点同数据的 4 大基本类型一致。

8.3 共 用 体

共用体是一种数据类型，与结构体的声明方法以及使用方法相似。

顾名思义，共用体是不同变量共享同一段内存的一种结构；而结构体是不同变量分配不同内存空间。因此，共用体所有成员，不能同时被初始化。

```
union 共用体 {
```

```
    类型 1  变量名 1;
    类型 2  变量名 2;
        …
}
```

```
union data {                        typedef union data {
    int i;                              int i;
    char str[20];                       char str[20];
}                                   } data;
```

问题 6　共用体应用

写出下列程序的执行结果。

```
#include "stdio.h"

typedef union member {                      //声明共用体,成员有两个
    int age;
    char name[20];
}member;

main(){
    member mb;                              //定义 mb 为共用体变量
    mb.age=9;
    printf("%d \n", mb.age);                //第一次输出 mb.age

    scanf("%s", &mb.name);                  //字符串,格式:%s
    printf("%s ", mb.name);

    printf("%d \n", mb.age);                //第二次输出 mb.age
    return 0;
}
```

答案

程序运行结果:

解说

mb. age 是共用体的成员之一,依据共用体的特点分析,共用体的另一个成员 mb. name 被赋值前后,对 mb. age 是有影响的。可见是共用内存的效果。即不同时刻,mb. age 的值发生了变化,内存中原来被赋了初始值的 9,后来又被置为 a,其 int 型值是 97。

注意

共用体和结构体可以嵌套、组合使用,灵活多变、节约内存空间,这对于硬件开销要求高的设备来讲,非常有意义。

在程序设计中，实现功能的算法可能有多种，最佳算法是软件工程师追求的终极目标。

试问

赋值时 member mb={90, "Abe" }; 可行吗?

存在问题:

(1) 共用体成员是共用内存的，无法同时赋值。

(2) 字符串赋值方法:

```
strcpy(number.mb, "Abe");          //仅限于复制字符串
memcpy(number.mb, "Abe");          //复制功能强大，通常与 memset()配套使用
```

注：需要在头文件追加

```
#include<string.h>
```

8.4 枚 举 体

枚举体也是一种数据类型，相当于一个集合，其成员的命名是 int 型常量。

定义格式:

```
enum {成员 1, 成员 2,…};
```

或

```
typedef  enum {成员 1, 成员 2,…} 枚举体名;
```

定义说明:

第一个枚举成员的默认值为整型 0，后续成员的值较其前一个成员值依次大 1。

问题 7　枚举体应用

请写出下列程序的运行结果。

```
#include "stdio.h"

typedef  enum {MON, TUE, WED, THU, FRI, SAT, SUN} weekday;

main(){
    weekday day=TUE;
    if((day==SAT) || (day==SUN)){
        printf("Today is off day.");
    }   else {
        printf("Today is working day.");
    }
    printf("\n%d %d\n", TUE, SAT);
    return 0;
}
```

答案

程序运行结果:

```
Today is working day.
1 5
请按任意键继续. . .
```

解说

从成员 MON 到 SUN 的值依次是 0～6。

如果将 weekday day＝TUE；修改为 weekday day＝1；道理也是一样的。

注意

若 typedef enum {MON，TUE，WED，THU，FRI＝7，SAT，SUN} weekday；

则 FRI，SAT，SUN 的值分别变成 7、8、9，其余成员的值不变。

第 9 章　文件的输入输出

文件是存储在外部介质上数据的集合。文件有不同的类型,如 C 语言源程序文件(.c)、头文件(.h)、文本文件(.txt)、Word 文件(.doc)、Excel 文件(.xls)等。通常,文件可以在其对应支持环境中直接打开、自由编辑、保存;也可以通过程序方式进行读写操作。

9.1　文件操作基础

9.1.1　C 语言程序对文件的处理

文件处理规则:

(1) 通过使用文件指针(File-Point);

(2) 使用前 OPEN;

(3) 使用后 CLOSE。

例如:

```
FILE  *fp;                          //FILE: 类型名,字母大写
fopen(file-name, open-mode);        //open-mode: 打开模式,即拟做何操作
fclose(fp);                         //fp: 文件指针
```

9.1.2　文本文件的处理模式

文本文件的处理模式有以下 3 种。

(1) r: 只读(文件不存在时,报错,环境不同而异)。

(2) w: 只写(文件不存在时,新建;存在时覆盖)。

(3) a: 追加(文件不存在时,新建;若存在,则从文件尾部继续写入数据)。

9.1.3　二进制文件的处理模式

二进制文件的处理模式有以下 3 种。

(1) rb: 只读(文件不存在时,报错,环境不同而异)。

(2) wb: 只写(文件不存在时,新建;存在时覆盖)。

(3) ab: 追加(文件不存在时,新建;若存在,则从文件尾部继续写入数据)。

对文本文件与二进制文件的读、写、追加操作,在原理上完全相同,只是模式符号的写法不同而已。

9.1.4　文件打开/关闭

文件打开/关闭示例:

```
main(){
```

```
    FILE * fp;
        fp=fopen("lx8.c", "r");         //lx8.c是C语言源程序文件,以只读方式打开
                                        //返回值:指向File的Point
                                        //注意:文件的绝对/相对路径,双斜杠代替斜杠
    fclose(fp);                         //使用后务必关闭,否则可能损坏文件
    return 0;
}
```

问题1　文件操作基础

请理解下列有关文件操作的代码。

```
#include<stdio.h>
//#include<stdlib.h>                    //包含exit()函数

main(){
    FILE * fp;
    if((fp=fopen("lx9_0.c", "r"))==NULL){
        printf("can not open file.");
        return 1;                       //0以外,失败
        //exit(0);                      //正常结束
    }
    fclose(fp);
    return 0;
}
```

答案

程序运行结果:

```
can not open file.请按任意键继续. . .
```

解说

与本源码同一文件夹(目录)下不存在lx9_0.c文件。

return 1;表示异常结束。其实,此处也可使用exit(0);结束程序,但需要在头文件中声明,因为exit()函数定义在头文件stdlib.h中。

注意

此处的文件打开fopen是指找到文件存放的地址,有别于Word、Excel等的文件直观打开方式。

9.2　对文件的读/写

9.2.1　逐字符读/写

对文本文件逐字符读/写函数是由fgetc和fputc来实现的,其功能简述如下。

fgetc(fp):读取的是int型变量,返回值结果有以下两个。

(1) OK:从文件头开始,读取一个字符,且文件指针(fp)后移一位。

(2) NG：EOF(－1)返回。

fputc(ch,fp)：返回值结果如下。

(1) OK：写入一个字符,且文件指针(fp)后移一位。

(2) NG：EOF(－1)。

问题 2　文件读操作

编程实现文件读取数据至文件尾部。

答案

程序清单如下。

```
#include<stdio.h>

main(){
    FILE *fp;
    int t;
    if  ((fp=fopen("lx9_0.c", "r"))==NULL) {              //open
        printf("can not open.");
        return 1;
    }
    while((t=fgetc(fp))!=EOF) {                           //read
        printf("%c", t);
    }
    fclose(fp);                                           //close
    return 0;
}
```

程序运行结果：

```
#include <stdio.h>
main(){
        printf("Hello C!");
}
请按任意键继续. . .
```

解说

lx9_0.c 源程序文件与本程序清单文件是放在同一个文件夹下,以保证 lx9_0.c 被找到;否则 fopen("lx9_0.c","r")时,应指出 lx9_0.c 的路径。

lx9_0.c 内容显示如图 9-1 所示。

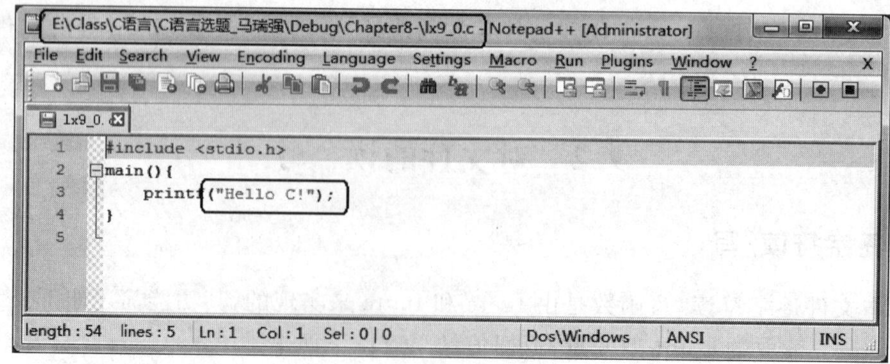

图 9-1　文件控制的路径(一)

BOF：表示文本文件的头部，Before Of File 的缩写，其值为 True/False。

(1) True：超过了文件的最初记录(读取终了)。

(2) False：逆序读取可能。

EOF：表示文本文件的尾部，End Of File 的缩写，其值为 True/False。

(1) True：超过了文件的最终记录(读取终了)。

(2) False：顺序读取可能。

简单说明如图 9-2 和图 9-3 所示，箭头表示文件尾，EOF 的 CODE 是 1a(并非文件实际内容)，61、62 分别是 a、b 的十六进制的 CODE 值，0D 和 0A 表示换行(Windows 操作系统)。

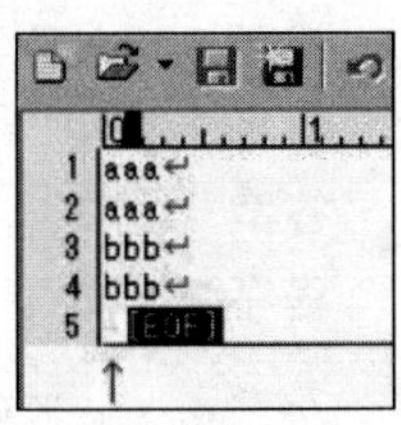

图 9-2　文本编辑器

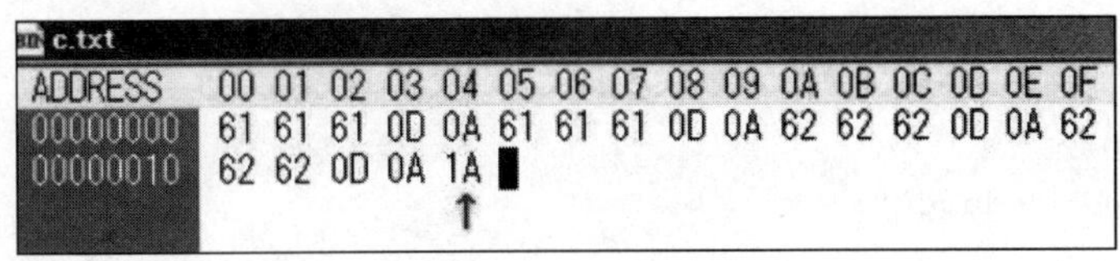

图 9-3　二进制编辑器

注意

控制程序与被打开文本文件不在同一个文件夹下时，要标明路径。lx9_1.c 内容显示如图 9-4 所示。且放置于 LX 文件夹下，书写格式有以下两种。

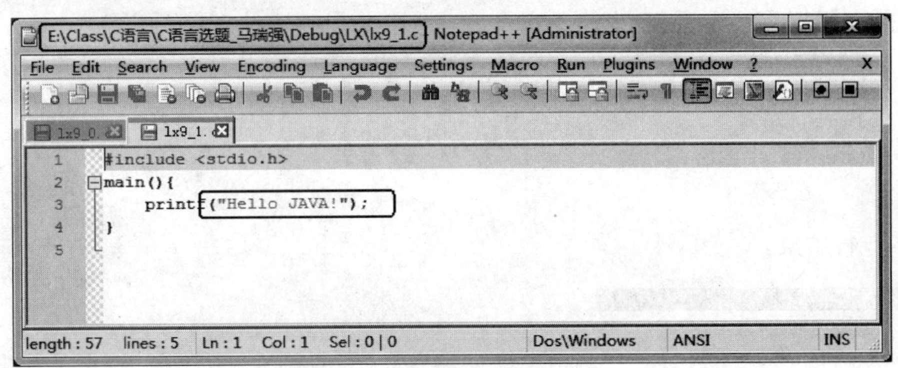

图 9-4　文件控制的路径(二)

(1) 相对路径：

```
fopen("..//LX//lx9_1.c", "r"))
```

.. 表示当前文件夹的上一级文件夹；

//表示文件夹之间的分隔符。(有别于 DOS 环境，DOS 用。)

(2) 绝对路径：

```
fopen("E://Class//C 语言//C 语言选题_马瑞强//Debug//LX//lx9_1.c", "r")
```

程序运行结果：

```
#include <stdio.h>
main(){
        printf("Hello JAVA!");
}
请按任意键继续. . .
```

问题 3　文件写操作

请将字符串"edu. cn"写入 lx9_0. c 文件中。

答案

程序清单如下。

```
/*  9_3.c 源码 */
#include<stdio.h>                        //#include 头文件格式一：<>
#include "string.h"                      //#include 头文件格式二：" "

main(){
    FILE *fp;
    char str[]="edu.cn";
    int t, len;
    if((fp=fopen("lx9_0.c", "w"))==NULL){
        printf("NG!");
        return 1;
    }
    len=strlen(str);                     //len=6
    for(t=0; t<len; t++){
        fputc(str[t], fp);
    }
    fclose(fp);
    return 0;
}
```

程序运行结果：

```
请按任意键继续. . .
```

解说

程序运行貌似没有任何结果，其实对文件 lx9_0. c 进行写的操作情况没有通过 printf() 函数输出，不过可以通过文本编辑器直观查阅，如图 9-5 所示。

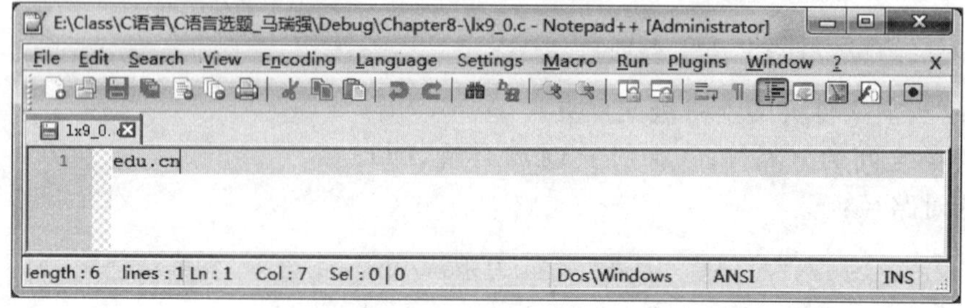

图 9-5　写文件内容

源码与被操作文本文件处于同一文件夹下(如图 9-6 所示),fopen()时可省略路径。

图 9-6 源码与被操作文件位置

注意

fopen("lx9_0.c", "w") 表示打开模式是全覆盖"写"操作。

9.2.2 指定字数的字符串读/写

对文本文件定字符长读/写函数是由 fgets 和 fputs 来实现的,从函数名的写法上看,只是分别将函数名的词尾由 c→s,意图一目了然。其功能简述如下。

fgets(字符串变量, 读取字数,fp):

(1) OK:读取特定字数的字符串,存入变量,并移动相应位数的文件指针。

(2) NULL:到达文件尾或出现异常 ERROR。

fputs(ch, fp):写入相应字符串,并使 fp 移动相应位数。

问题 4 文件定量读操作

请从文本文件中读取数据,一次最大可读取 8 个字符。

答案

程序清单如下。

```
/*  9_4.c 源码 */
#include<stdio.h>
#include "string.h"

main(){
    FILE *fp;
    char str[8];                                  //7 个字符+'\0'

    if((fp=fopen("ob_file.txt", "r"))==NULL){
        printf("NG!");
        return 1;
    }
    while(fgets(str, 8, fp)) {                    //如果按 Enter 键,结束本行读数
        printf("%s[%d]", str, strlen(str));       //计算输出字符数
    }
```

```
    fclose(fp);
    return 0;
}
```

程序运行结果：

```
We are [7]committ[7]ed to p[7]ubli
[5]shing y[7]our art[7]icle.[5]请按任意键继续. . .
```

解说

如图 9-7 所示显示了 ob_file.txt 的内容。

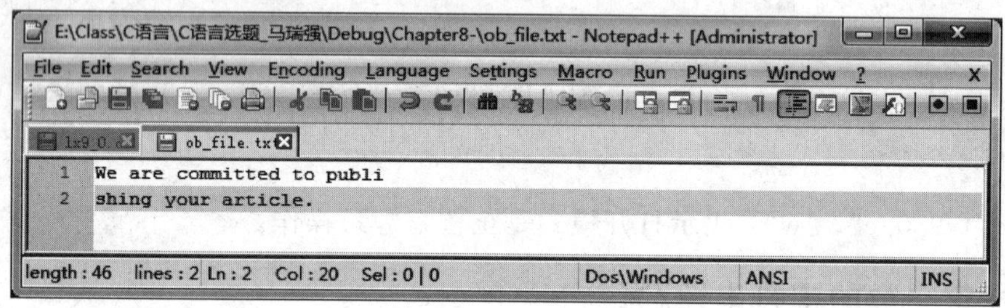

图 9-7 文件内容

由源程序运行结果可见，ob_file.txt 中首行末为 ubli 4 个字符，但是在次行首显示[5]，其原因是计算入了“ENTER”，故小计字符数为 5。

源码 9_4.c 与被操作文本文件 ob_file.txt 在同一文件夹中，如图 9-8 所示。

图 9-8 文件位置确认

问题 5 文件定量写操作

标准输入数分 3 次读取，并写到文件 bk.txt 中。

答案

程序清单如下。

```
#include<stdio.h>
#include "string.h"

main(){
    FILE *fp;
```

```
    char str[20];
    int i, x;
    if((fp=fopen("bk.txt", "w"))==NULL){
        exit(0);
    }
    for(i=1; i<=3; i++) {
        scanf("%d", &x);
        sprintf(str, "第%d回 %5d\n", i, x);
        printf("%d  %5d\n", i, x);                    //直观显示的 i 和 x 值
        fputs(str, fp);
    }
    fclose(fp);
    return 0;
}
```

程序运行结果：

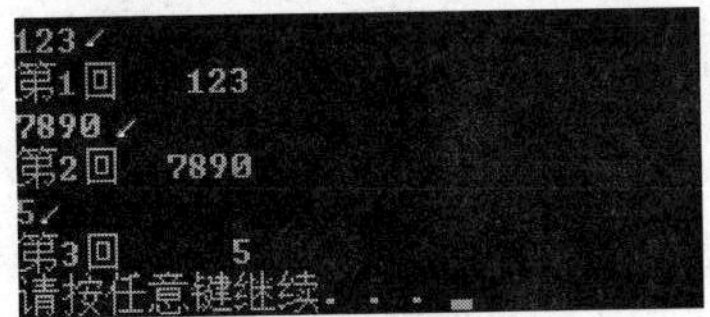

解说

本源码对 bk.txt 进行了创建、字符串写操作。结果如图 9-9 所示。

图 9-9　写文件内容确认

9.3　二进制文件的读/写操作

9.3.1　二进制文件

二进制文件是不能用文本编辑器识别的文件。

问题 6　两类文件的区别

下列表述中，属于文本文件或二进制文件的分别是哪几个？

(1) C 语言、BASIC 语言等高级语言的源程序文件。

(2) (1)编译后生成的可执行文件。

(3) 文件扩展名为 .png 的图像文件。

(4) 用记事本工具打开的 .txt 文件。

答案

结果：

文本文件：(1)、(4)

二进制文件：(2)、(3)

解说

计算机文件按存储方式可以分为两大类，分别是文本文件和二进制文件。

文本文件：以 ASCII 形式存储的文件。记事本、Notepad++ 等文本编辑器是以 ASCII 形式读取文件的，故可以识别。高级语言源程序文件也属于文本文件。

二进制文件：以无符号整型数形式存储的文件。图形文件、可执行 EXE 文件，都是二进制文件。二进制文件若以 ASCII 形式读取会出现乱码，如同用记事本打开 Word 文件，显示内容是乱码一样。

9.3.2 二进制文件的读/写操作

对二进制文件读/写函数是由 fread 和 fwrite 来实现的，具体格式和功能简述如下。

```
fread(Address, size, n, fp)
```

从 fp 指向的文件中，把 n 个 size 字节的数据读取到 Address 中。

```
fwrite(Address, size, n, fp):
```

从 Address 中，写 n 个 size 字节的数据，到 fp 指向的文件中。

函数的返回值：

OK(等于 n 时)

NG(小于 n 时)

问题 7 二进制文件读操作

读取一个二进制文件的字节数。

答案

程序清单如下。

```
#include<stdio.h>

main{
    FILE * fp;
    char c;
    int size=0;

    if((fp=fopen("9_5.exe", "rb"))==NULL){          //可以打开任何文件
        printf("NG!");
        return 1;
    }
    while((fread(&c, sizeof(char),1, fp))==1) {
        size+=sizeof(c);
```

```
    }
    printf("%d ", size);
    fclose(fp);
    return 0;
}
```

程序运行结果：

```
21067 请按任意键继续. . .
```

解说

如图 9-10 所示，显示结果与上述程序运行结果吻合。

图 9-10 DOS 命令方式确认文件信息

注意

如果将 fopen("9_5.exe", "rb") 修改为 fopen("9_5.c", "rb")，则程序运行结果应为：

```
343 请按任意键继续. . .
```

问题 8 二进制文件写操作

写数据到一个二进制文件。

答案

程序清单如下。

```
#include<stdio.h>

main(){
    FILE *fp1, *fp2;
    char data;
    if((fp1=fopen("9_5.exe", "rb"))==NULL){
        printf("Read NG!");
        return 1;
    }
    if((fp2=fopen("bk.exe", "wb"))==NULL){
        printf("Write NG!");
        return 1;
    }
```

```
    while((fread(&data, sizeof(char),1, fp1))==1) {
        fwrite(&data, sizeof(char), 1, fp2);
    }
    fclose(fp2);
    fclose(fp1);
    return 0;
}
```

程序运行结果：

```
请按任意键继续. . .
```

解说

新建了 bk.exe 文件，通过图 9-11 可以明确程序的运行结果。bk.exe 是可执行文件，可以脱离 C 语言编译环境直接运行。

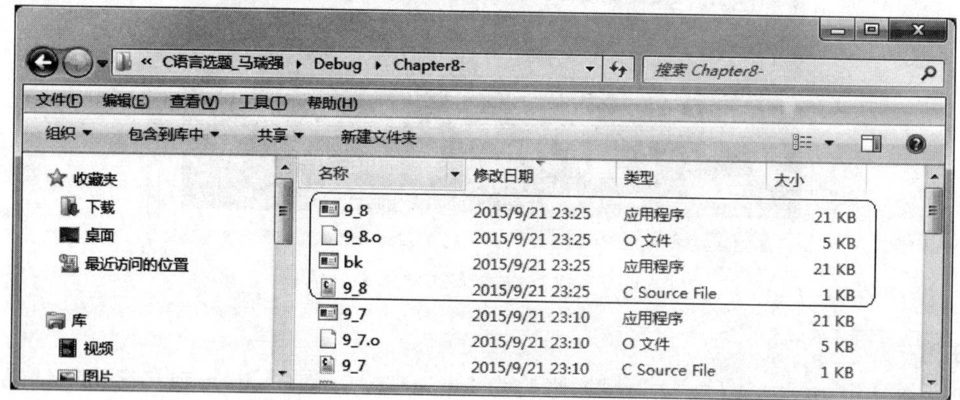

图 9-11 用程序实现新建二进制文件的结果确认

本章介绍的只是 C 语言操作文件最简单的一些实例，未来工程意义比较重要。如果文件操作应用自如，就可以高效便捷地修改文件中的数据了。

第 10 章　程序设计拓展知识

10.1　宏　定　义

宏定义也称“预编译定义”，中文名词听起来不知所云。英文是 macro，直译为“大的”含义，在应用软件中出现的比较多，可以理解为“汇总操作、自动执行”。

10.1.1　格式一：常量定义

```
#define  MACRO名  待替代数据
```

说明：

(1) 先声明、定义，后使用；

(2) 文件头位置声明；

(3) MACRO 名中的字符按惯例需要大写。

问题 1　最简宏定义

下列代码，请试用宏定义方法修改。

```
#include<stdio.h>
#include<string.h>

main(){
    char str[5];
    do {
        scanf("%s",str);
    }while(strlen(str)>=5);
    printf("%s \n", str);
    return 0;
}
```

答案

源码可修改为：

```
#include<stdio.h>
#include<string.h>
#define STRLEN 5

main(){
    char str[STRLEN];
    do {
        scanf("%s",str);
    }while(strlen(str)>=STRLEN);
```

```
    printf("%s \n", str);
    return 0;
}
```

程序运行结果：

```
imut
imut
请按任意键继续. . .
```

解说

源码中凡是出现数字 int 型 5 的地方均可以用 STRLEN 替代。

5 若被改为其他数值，只需修改 ＃define STRLEN 5 即可，使程序方便、易读。

注意

如果声明定义：

(1) 字符常量，用单引号括起来；

(2) 字符串常量，用双引号括起来。

实例：

```
#define  DIGI  '5'
#define  STRLEN  "imut.edu.cn"
```

拓展：

若 int i＝10＋DIGI；

问题：i 值是多少？

答案：63。(字符 5 的 ASCII 码是 53)

10.1.2 格式二：条件编译

在实际应用中，根据需要，程序段有编译和不必编译两种情形。

```
#ifdef  MACRO名
    处理 1;
#else
    处理 2;
#endif
```

含义：依据 MACRO 设置的有无，决定执行处理 1 或处理 2 区域的代码。

问题 2　条件编译应用

试编写一小例实现条件编译调试。

答案

程序清单如下。

```
#include<stdio.h>
#define DEF 5

main(){
    int i;
```

```
    #ifdef DEF
        i=DEF;
    #else
        scanf("%d", &i);
    #endif
    printf("%d \n", i);
    return 0;
}
```

程序运行结果：

```
5
请按任意键继续. . .
```

解说

若将＃define DEF 5 语句注释掉，则程序运行结果为：

注意

除以上两类常见应用之外，还有许多相似语法提供。难度均不大，遇到了稍加考虑，便可上手。.

10.2　自定义头文件的声明

程序员除了使用系统提供的标准头文件以外，还可以根据需要自由定义，但是使用之前务必先 include。

问题 3　头文件写法

下列自定义头文件，正确的 include 写法是哪个？

(1) ＃include<sample. h>

(2) ＃include "sample. h"

(3) ＃include 'sample. h'

(4) ＃include sample. h

答案

正确写法是：(2)

解说

声明方法：

(1) 自定义头文件：采用 " "。

(2) 标准头文件：采用 " " 或<>。

注意

严禁重复 include。

问题 4　自定义头文件应用

以下代码是记录学生的信息，计算其平均身高的程序。请完成头文件 sample. h 的内容。(结构体 student 的成员 name 长度为 20。)

```
#include<stdio.h>
#include "sample.h"

main(){
    int i;
    student st[MEMBER]={
        {2016001, "张百渡", 175.5},
        {2016002, "王搜虎", 186.3},
        {2016003, "李谷哥", 169.0}
    };
    for(i=0; i<MEMBER; i++){
        printf("学号 %d \n", st[i].number);
        printf("姓名 %s \n", st[i].name);
        printf("身高 %lf\n\n", st[i].height);
    }
    printf("平均身高 %3.2f", avrHeight(st));
    return 0;
}

float avrHeight(student st[]){
    int i;
    float total=0;
    for(i=0;i<MEMBER;i++){
        total+=st[i].height;
    }
    return total/MEMBER;
}
```

答案

程序清单:

```
/*  sample.h  */
#define NAME_LEN 20                        //常量:姓名长度
#define MEMBER 3                           //常量:成员数量

typedef struct student {                   //student 结构体
    int number;
    char name[NAME_LEN];
    double height;
}student;

float avrHeight(student st[]);             //声明子函数
```

程序运行结果:

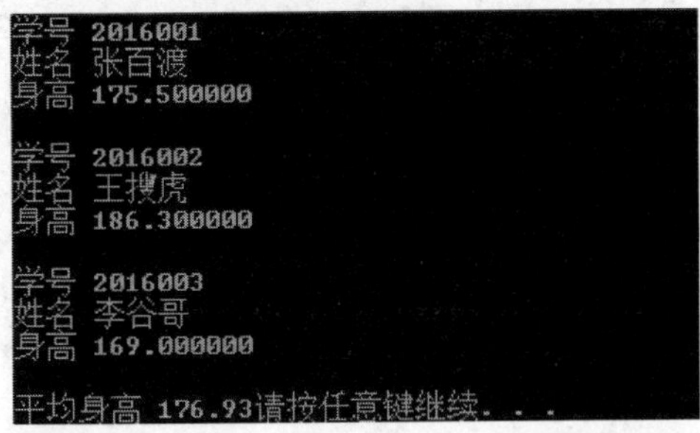

解说

头文件 sample. h 完全可以写入到源程序文件中。但是如果把它单独列出来，形成头文件，就是一个相对独立的模块，程序设计时可以减少工作量，易于管理，方便查错，故习惯使用自定义头文件编程，意义非常大。

大型工程框架设计时，头文件的使用极其重要。尤其是涉及系统升级时，往往事半功倍。

问题 5　C 语言编译流程小结

下列是 C 语言编译过程的描述，在空格处填入恰当的术语。

C 语言编译分为 3 步：预处理(Preprocessor)、编译(Compiler)、链接(Link)。

用 C 语言描述的源程序文件，首先，依据预处理，用 ＃include 指定文件的__①__、＃define 等的__②__开始。

接着，将预处理操作完成后的源程序代码翻译成__③__，即编译。源程序文件有多个时，分别翻译。

最后是链接操作，形成最终的程序文件。

程序中经常使用 printf 等已经存在的标准函数，这些函数定义的实体作为__③__，作为翻译完毕的__④__文件，全部在 C 编译时拥有。

通过编译，被翻译成__③__的文件和__④__文件，组合成一个可执行文件。

答案

① include

② MACRO

③ 机器语言

④ 编译(或 compiler)

解说

在完成了自定义头文件的编程后，理解 C 语言的编译过程肯定会清晰许多。

10.3　变量的有效范围

存在多个源程序时，欲参照别的文件中已定义的全局变量，需要在变量声明时加前缀标识符 extern。此变量也称为动态变量。反之，不希望让别的文件参照变量时，在其前面加标识符 static。附带 static 的变量称作静态变量。

问题 6　动态变量

下列程序是 int 型全局变量 num 的初始值表示后，标准输入值的输出代码。变量 num

输入是通过 getNum 函数实现的。若将 getNum 函数部分独立出来的程序文件如何书写?

```
#include<stdio.h>
int num=10;

void getNum(void){
    scanf("&d", num);
    printf("[1] %d\n", num);
}

main(){
    printf("[2] %d\n", num);
    getNum();
    printf("[3] %d\n", num);
    return 0;
}
```

程序运行结果:

```
[2] 10
5↙
[1] 10
[3] 10
请按任意键继续. . .
```

答案

结果如下列两个程序文件。

```
/*  mainFile.c  */
#include<stdio.h>
int num=10;
void getNum(void);

main(){
    printf("[2] %d\n", num);
    getNum();
    printf("[3] %d\n", num);
    return 0;
}

/*  getNumFile.c  */
#include<stdio.h>
extern int num;

void getNum(void){
    scanf("&d", num);
    printf("[1] %d\n", num);
}
```

解说

通常，全局变量仅在本文件中有效，若要参照别的文件中存在的全局变量时，变量定义前需要追回标识符 extern 来声明。

问题 7　静态变量

试分析下列程序执行结果。若 addNum 函数中的变量 i 设置为静态变量，结果又将如何？

```
#include<stdio.h>
void addNum(int x);

main(){
    int i, x;
    for(i=0; i<3; i++){
        scanf("%d", &x);
        addNum(x);
    }
    return 0;
}

void addNum(int x){
    int i=10;
    i+=x;
    printf("i=%d, x=%d\n",i, x);
}
```

答案

程序运行结果：

```
8↙
i= 18, x= 8
11↙
i= 21, x= 11
100↙
i= 110, x= 100
请按任意键继续. . .
```

解说

如果 addNum(int x)定义时，下面的语句稍加改变：

```
int i=10;    →    static int i=10;    //i 已被置为静态变量
```

则程序运行结果将是：

```
8↙
i= 18, x= 8
11↙
i= 29, x= 11
100↙
i= 129, x= 100
请按任意键继续. . .
```

注意

“成也萧何，败也萧何”。动态变量与静态变量是把双刃剑，一定要谨慎使用。

第 11 章　基本算法

本章内容在前面几章的学习过程中都有涉及，此处单列章的目的是对程序设计的灵魂——算法进行小结，以引起初学者的重视。

在程序设计中，算法是采用高效合理手段解决问题的清晰指令。

11.1　递　归

问题 1　主函数调用子函数

在 main 函数中，试完成自定义函数调用的程序设计。

```
void recall(int d){
    printf("%d ", d);
    if(d>0){recall(d-1);}
}
```

如果 recall(5);和参数 5 确定，子函数中 printf 语句执行几次？

答案

主程序可以描述如下。

```
main(){
    int a=5;
    recall(a);
    return 0;
}
```

程序运行结果：

```
5 4 3 2 1 0 请按任意键继续. . .
```

可见，子函数中 printf 语句执行了 6 次。

解说

子函数中 if(d>0)条件进行了 6 次判断，5 次为真，即自调用 5 次。当 d=0 时，条件为假，退出子函数，执行主函数的 return 0;，main 函数运行彻底结束。

如果将子函数中仅有的两条语句书写顺序颠倒，程序将如何运行？为什么？

```
void recall(int d){
    if(d>0){recall(d-1);}
    printf("%d ", d);
}
```

程序运行结果：

```
0 1 2 3 4 5 请按任意键继续. . .
```

程序运行过程如图 11-1 所示。

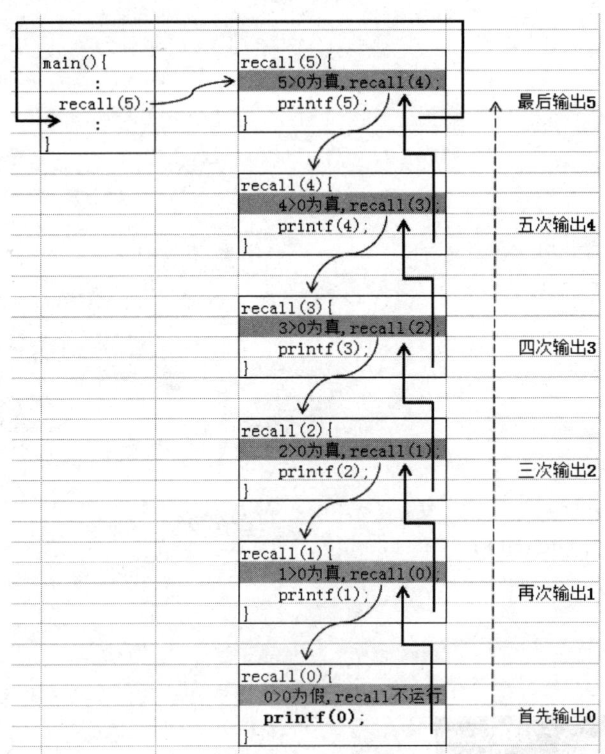

图 11-1　递归调用流程

图例中,细弯线:调用过程。粗实线:返回过程。点画线:输出过程。

其实,这也是今后要学习的一种数据结构——栈(Stack)的原理。栈是一种动态存储方式——先进后出(First In Last Out,FILO)的应用。

栈相当于生活中的桶,如同将煎好的饼一个一个地平铺放进去,即压栈(Push);等到吃饼的时候,只能是从上面一张一张地取,即弹栈(Pop),直到取完为止。

具体地,当执行到调用函数 recall 时,首先将其后的一条语句放入栈中(调用的返回节点);调用完毕后,依次从栈中取出待执行语句,过程如图 11-2 所示。

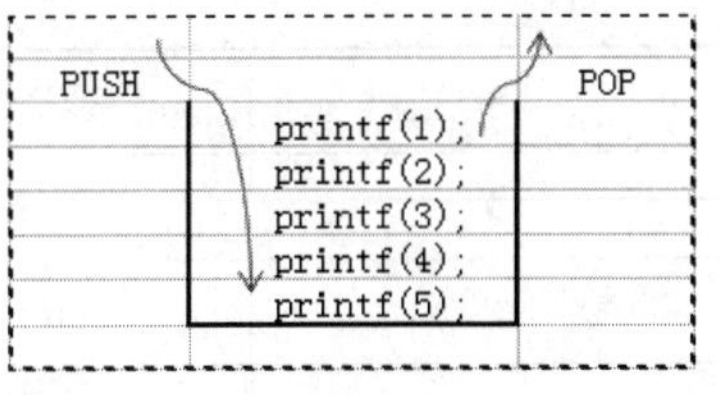

图 11-2　栈在递归调用中的应用

注意

(1) 子函数的调用节点位置,坚持"哪里调用,返回哪里"的八字方针。

(2) 灵活利用栈的原理来考虑问题,简单且不容易出错。

(3) 对于递归函数的设计,必须要考虑终止条件,否则会陷入无休止的调用状态。

问题 2　求阶乘

试编程,求任意一个正整数的阶乘。

$$n!=\begin{cases}1 & (n=1\text{ 时})\\ n*(n-1)! & (n>1\text{ 时})\end{cases}$$

答案

程序清单：

```
#include<stdio.h>

int fuc(int n){
    int f;
    if(n==1) {f=1;}
    else{f=n * fuc(n-1);}
    return f;
}

main(){
    int fuc(int x), n;
    scanf("%d", &n);
    printf("%d",fuc(n));
    return 0;
}
```

程序运行结果：

```
5↙
120请按任意键继续. . .
```

解说

n 的阶乘的算式：

$$n\times(n-1)\times(n-2)\times\cdots\times1$$

思路：计算阶乘是一个逆向求解的过程，具体如表 11-1 所示。

表 11-1 n!计算步骤剖析

No	拟　求	务必先求
1	n!	n×(n−1)!
2	(n−1)!	n×(n−1)×(n−2)!
3	(n−2)!	n×(n−1)×(n−2)×(n−3)!
⋮	⋮	⋮
n−2	3!	3×2!
n−1	2!	2×1!
n	1!	1

程序运行过程如图 11-3 所示，进行了 4 次递归调用。

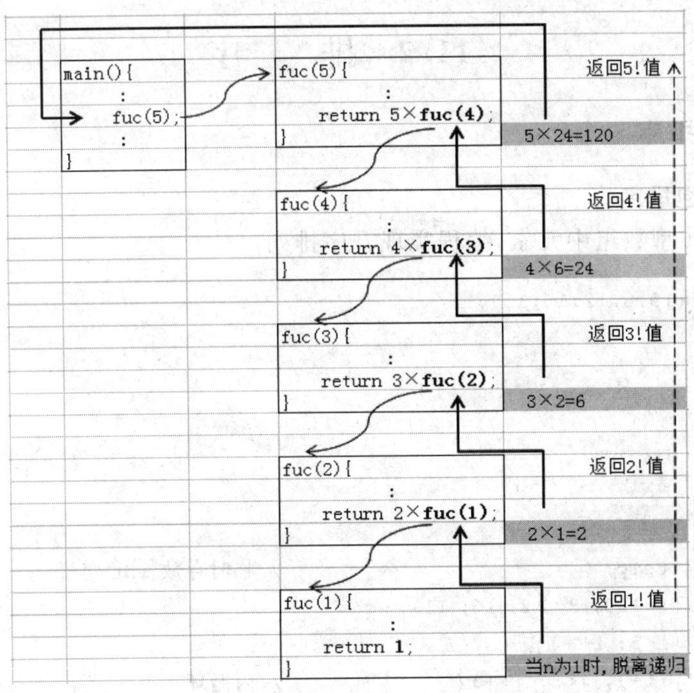

图 11-3　计算 n!的递归调用流程

注意

若分别在 main 函数与 fuc 函数中加入 printf 语句,输出结果会是怎样的?

```
int fuc(int n){
    ⋮
    printf("\n[2]=%d",n);
    return f;
}

main(){
    …
    printf("%d",fuc(n));
    printf("\n[1]=%d",n);
    return 0;
}
```

程序运行结果如下,请自行分析。

```
5↙

[2]=1
[2]=2
[2]=3
[2]=4
[2]=5120
[1]=5请按任意键继续. . .
```

11.2 排　　序

11.2.1 冒泡排序

问题 3　冒泡排序

如下所述 int 型数组中元素，编程实现升序排列。

```
int data[]={19,8,12,16,11};
```

答案

程序清单：

```
#include "stdio.h"

main(){
    int i, j, temp;                                 //临时存放 int 变量
    int data[]={19, 8, 12, 16, 11};
    for(i=0; i<5; i++) {
        for(j=i+1; j<5; j++){                      //内循环
            if(data[i]>data[j]){                   //data[i]和 data[j]进行数据交换
                temp=data[i]; data[i]=data[j]; data[j]=temp;
            }
        }
    }
    for(i=0; i<5; i++) {                            //次序输出
        printf("第%d 个数: %d\n", i+1, data[i]);
    }
    return 0;
}
```

解说

二重循环比较结果如下，每进行一轮比较，就会产生一个最小数，如同气泡一般浮了出来，存储到当前参与比较数组下标最小的数组单元中，以此类推，可参照表 11-2 单步执行程序分析数组单元值变化。

表 11-2　最小值冒泡出现过程(数值变化分析)

i	j	data[0]	data[1]	data[2]	data[3]	data[4]
		19	**8**	**12**	**16**	**11**
0	1	8	19			
	2	8		12		
	3	8			16	
	4	**8**				11
1	2		12	19		
	3		12		16	
	4		**11**			12
2	3			16	19	
	4			**12**		16
3	3				**16**	19
4	*5*					

比较详细过程如图 11-4 所示，每当完成一轮比较，便有一最小数胜出，即如同气泡一样冒了出来；以此类推，再进行第二轮、第三轮…比较，便可实现整个数列的排序。

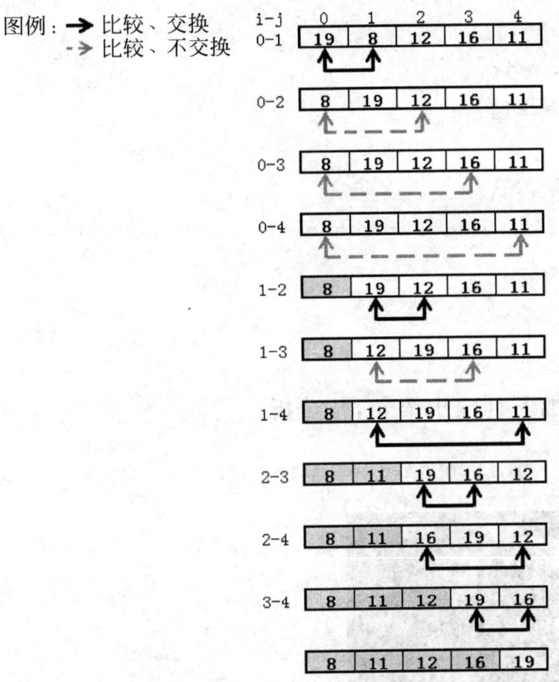

图 11-4　最小值冒泡出现过程(图框对比说明)

如果降序输出，将如何修改代码？

只需将 if(data[i]>data[j]) 语句中的比较符号换成<即可。请列表分析。

11.2.2　选择排序

问题 4　选择排序

算法如下。

(1) 定义最小值变量 min。

(2) 设置 data[0]为最小值，并与 data[1]比较。如果 data[1]小，赋此值给 min。

(3) min 继续与 data[2]比较，如果 data[2]小，赋此值给 min。

(4) 反复比较，一直到最后一个数组单元 data[4]，便可确定 data[0]～data[4]中的最小值 min，交换 min 与 data[0]中的值。

(5) 再次确定 data[1]～data[4]中的最小值 min，交换此 min 与 data[1]的值。

(6) 以此类推，直到确定最后一个数组单元 data[4]的值。

答案

程序清单：

```
for(i=0; i<5; i++) {
```

```
    min_pos=i;                          //设置最小值位置
    min=data[i];                        //设置最小值
    for(j=i+1; j<5; j++){               //比较 j
        if(min>data[j]){
            min_pos=j;
            min=data[j];
        }
    }
    temp=data[i]; data[i]=min; data[min_pos]=temp;        //交换 i
}
```

解说

外循环结束前,追加下列输出语句,并分析。

```
printf("\ni=%d; j=%d; min_pos=%d; min=%d",i, j, min_pos, min);
```

```
i=0; j=5; min_pos=1; min=8
i=1; j=5; min_pos=4; min=11
i=2; j=5; min_pos=2; min=12
i=3; j=5; min_pos=3; min=16
i=4; j=5; min_pos=4; min=19第1个数: 8
第2个数: 11
第3个数: 12
第4个数: 16
第5个数: 19
请按任意键继续. . .
```

为了进一步了解程序的运行轨迹,在各节点追加如下输出语句,试分析。

```
for(i=0; i<5; i++) {
    min_pos=i;
    min=data[i];
    printf("\n[START]i=%d; j=%d;min_pos=%d; min=%d\n",i, j, min_pos, min);
    for(j=i+1; j<5; j++){
        if(min>data[j]){
            min_pos=j;
            min=data[j];
        }
        printf("\n[in]i=%d; j=%d; min_pos=%d; min=%d",i, j, min_pos, min);
    }
    temp=data[i]; data[i]=min; data[min_pos]=temp;
    printf("\ni=%d; j=%d; min_pos=%d; min=%d\n\n",i, j, min_pos, min);
    for(t=0; t<5; t++) {
        printf("  data[%d]=%d  ", t, data[t]);
    }
}
```

```
[START]i=0; j=0; min_pos=0; min=19

[in]i=0; j=1; min_pos=1; min=8
[in]i=0; j=2; min_pos=1; min=8
[in]i=0; j=3; min_pos=1; min=8
[in]i=0; j=4; min_pos=1; min=8
i=0; j=5; min_pos=1; min=8

 data[0]=8    data[1]=19    data[2]=12    data[3]=16    data[4]=11
[START]i=1; j=5; min_pos=1; min=19

[in]i=1; j=2; min_pos=2; min=12
[in]i=1; j=3; min_pos=2; min=12
[in]i=1; j=4; min_pos=4; min=11
i=1; j=5; min_pos=4; min=11

 data[0]=8    data[1]=11    data[2]=12    data[3]=16    data[4]=19
[START]i=2; j=5; min_pos=2; min=12

[in]i=2; j=3; min_pos=2; min=12
[in]i=2; j=4; min_pos=2; min=12
i=2; j=5; min_pos=2; min=12

 data[0]=8    data[1]=11    data[2]=12    data[3]=16    data[4]=19
[START]i=3; j=5; min_pos=3; min=16

[in]i=3; j=4; min_pos=3; min=16
i=3; j=5; min_pos=3; min=16

 data[0]=8    data[1]=11    data[2]=12    data[3]=16    data[4]=19
[START]i=4; j=5; min_pos=4; min=19

i=4; j=5; min_pos=4; min=19

 data[0]=8    data[1]=11    data[2]=12    data[3]=16    data[4]=19  第1个数: 8
第2个数: 11
第3个数: 12
第4个数: 16
第5个数: 19
请按任意键继续. . .
```

其实,上述过程完全可以借助任一款C语言编译器的Debug单步执行方式,便捷、实时地看到任何时刻、任意变量值的变化情况。这也是调试代码所必须掌握的基本技能。

分析如表11-3所示。

表11-3 选择排序过程(数值变化分析)

i	j	min_pos	min	data[0]	data[1]	data[2]	data[3]	data[4]
				19	**8**	**12**	**16**	**11**
0	0	0	19					
	1	*1*	*8*					
	2					12		
	3						16	
	4							11
	5			**8**	19			
1	5	1	19					
	2	*2*	*12*					
	3						16	
	4	*4*	*11*					
	5				**11**			19
2	5	2	12					
	3							
	4							
	5					**12**		
3	5	3	16					
	4							
	5						**16**	
4	5	4	19					
	5							**19**
斜体:未执行		斜体:内循环为True时						

比较的详细过程如图11-5所示,每当完成一轮比较,便有一最小数被存放到标靶位对应数组单元中并转换;以此类推,再进行第二轮、第三轮…比较,便可实现整个数列的排序。

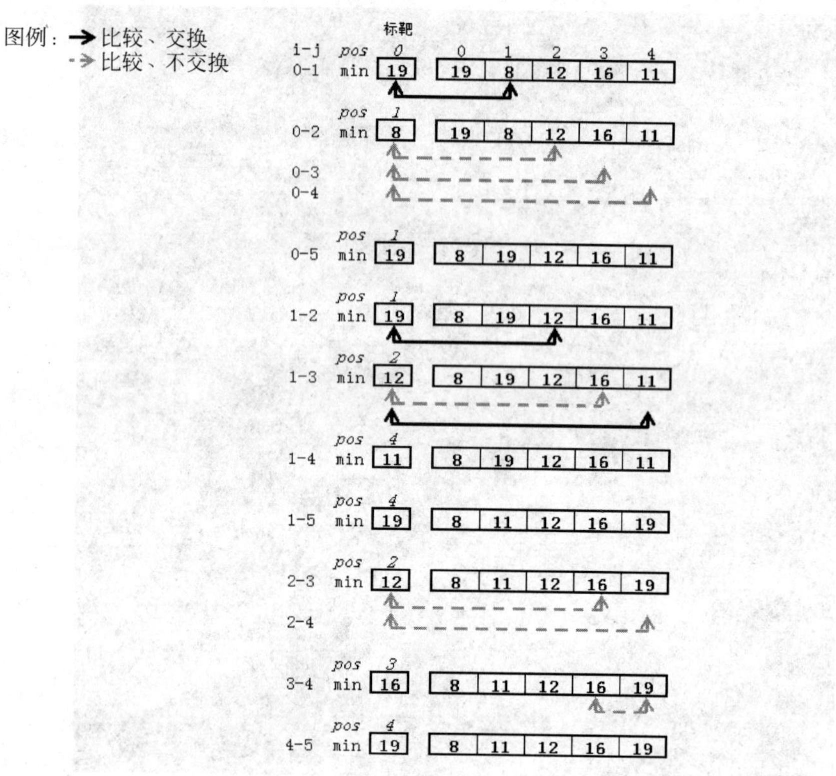

图 11-5 选择排序过程(图框对比说明)

尽管选择排序比冒泡排序比较次数减小了，但与其他排序方法比较，花费时间多了。

注意

如果内循环中 if 条件，经过一轮比较仍然为 False 时，表明当前设置的最小值即为本轮比较中的最小值。但此内循环结束后，依然进行了数据交换，这是没有意义的。若想避免，可以加入 Flag 设定和判断。

11.3 检 索

所谓检索，是从数据列中查找目标值。

检索方法有多种，诸如效率较低的线性法和高效检索的二分法。

线性法：从头到尾一个一个地单纯查找数据的算法。

二分法：先排序，然后将检索范围折半、再折半的一种检索算法。

问题 5 二分查找

算法如下。

(1) 先使数组元素有序；

(2) 确定检索范围；

(3) 确定检索范围的中央位置；

(4) 目标 KEY 值同中央位置元素相同或左边界值大于右边界值时，检索结束；

(5) 当目标 KEY 值比中央位置元素小(大)时，前(后)半部分作为检索对象，重复(3)的操作。

试编程：从如下升序数列中查找 KEY 值，KEY 值采用标准输入。

```
int data[]={10, 20, 30, 40, 50, 60, 70, 80};
```

答案

程序清单：

```
#include "stdio.h"
#define SIZE 9                          //数组大小
#define FIND 1                          //检到

main(){
    int data[SIZE]={10, 20, 30, 40, 50, 60, 70, 80};    //临时存放 int 变量
    int low=0, high=SIZE-1, mid;        //检索范围上下限及中央位置
    int x, r=0;                         //x:KEY, r:Flag

    scanf("%d", &x);
    while(low<=high){
        mid=(low+high)/2;               //数组中央位置
        if(data[mid]==x){
            r=FIND;
            break;
        } else if(data[mid]<x){
            low=mid+1;                  //变更下限位置
        } else{
            high=mid-1;                 //变更上限位置
        }
    }
    printf("Data:%d ", x);
    if(r==FIND){
        printf("Found");
    } else {
        printf("Not Found");
    }
    return 0;
}
```

解说

查找 KEY 值有两种情况，一种是此 KEY 值存在，如标准输入 70，程序运行结果为：

```
70↙
low=0, mid=4, high=8
low=5, mid=6, high=8
[2]low=5, mid=6, high=8
Data:70 Found请按任意键继续. . .
```

上下限、中央值变化如图 11-6 所示分析，if(data[mid]==x)为 True 时，结束。

另一种情形是 KEY 值在数列中不存在，如标准输入 25，程序运行结果为：

```
25↙
low=0, mid=4, high=8
low=0, mid=1, high=3
low=2, mid=2, high=3
[2]low=2, mid=2, high=1
Data:25 Not Found请按任意键继续. . .
```

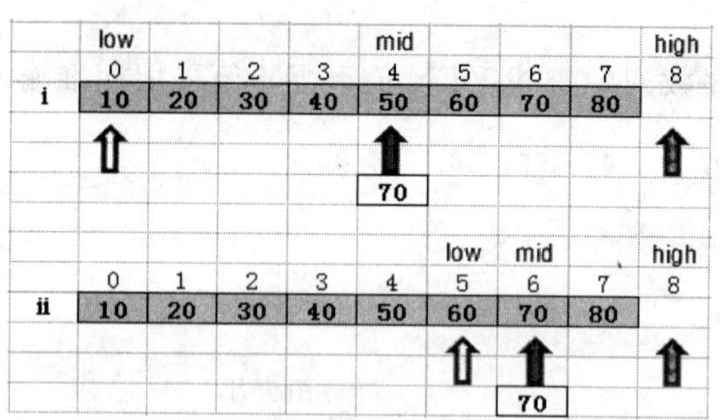

图 11-6 二分查找过程(KEY 值存在)

上下限、中央值变化如图 11-7 所示分析,while(low＜＝high)为 False 时,结束。

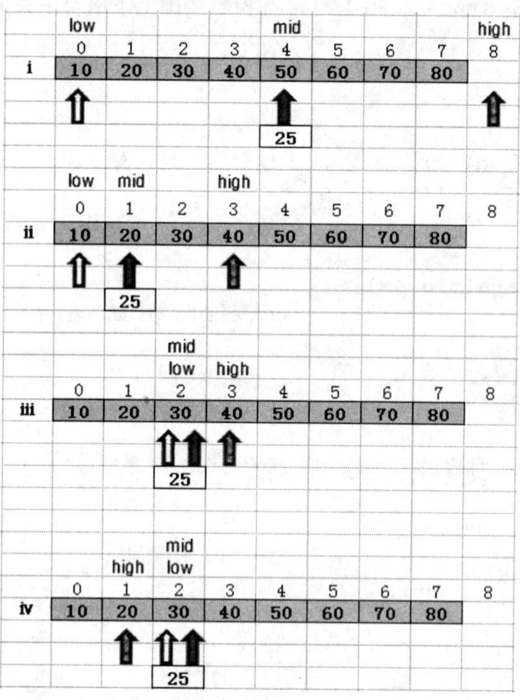

图 11-7 二分查找过程(KEY 值不存在)

注意

对于在有序数列中,查找一个恰当的 KEY 值插入位置问题,经常使用此算法,但是又需要对数组元素进行位置平移,注意避免数据覆盖。

线性检索与二分法检索的检索次数情况如表 11-4 所示。

表 11-4 线性检索与二分法检索比较

元 素 个 数	线 性 检 索	二分法检索
100	100 次	7 次
10 000	10 000 次	14 次
1 000 000	1 000 000 次	20 次

11.4 数据结构

数据结构是保存数据的形式与方法，即数据在内存中的表现形式。这里仅对栈、队列、链表算法做简单介绍。

11.4.1 栈

栈是一种特殊的数据结构，遵循 LIFO(Last In, First Out)原则，示意图如图 11-8 所示。

问题 6 栈操作

长度为 10 的 int 型数组，通过标准输入获取 3 个整数并以栈的方式存储。然后弹栈，将第二次取出的数值乘 2 后再放入栈中。

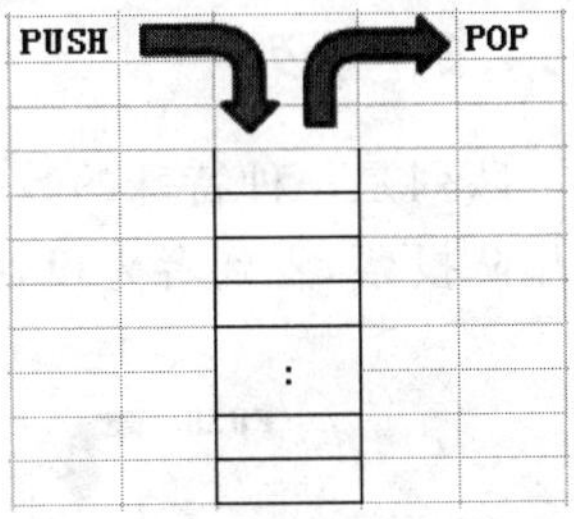

PUSH　POP

图 11-8 栈工作原理

答案

程序清单：

```
#include "stdio.h"
#define SIZE 10

main(){
    int data[SIZE];
    int sp=0;
    int x,y,i;

    for(i=0;i<3;i++){
        scanf("%d",&x);
        data[sp++]=x;
    }

    data[--sp]='\0';
    y=data[--sp];
    data[sp]='\0';
    data[sp++]=2*y;

    for(i=0;i<sp;i++){
        printf("data[%d]: %d\n", i, data[i]);
    }

    return 0;
}
```

程序运行结果：

```
2↙
3↙
5↙
data[0]: 2
data[1]: 6
请按任意键继续. . .
```

解说

先回顾一个曾经学过的知识点++/--。

sp++：先使用，后自加。

--sp：先自加，后使用。

栈中数据累积，通过 sp++实现；从栈中读取数据，使用--sp，且用'\0'置空。

注意

标准输入数据时，最好不要有歧义的数据，否则会干扰程序阅读。如 1，2，4 等，其中 2 的倍数也是 4，同第三个数相同，存在干扰。

11.4.2 队列

队列是一种特殊的数据结构，遵循 FIFO(First In，First Out)原则，如图 11-9 所示。如同排队投票，先到者先投，投完后便可出列，如图 11-10 所示。

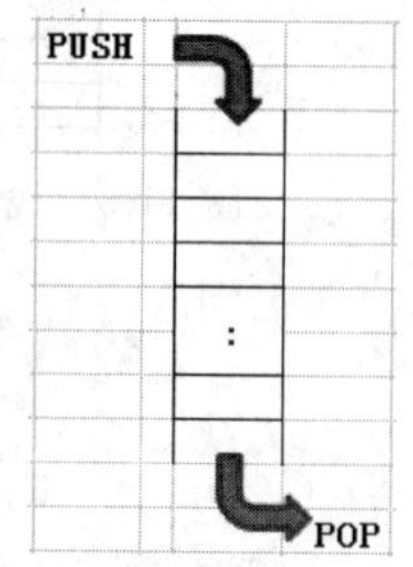

图 11-9 队列工作原理

图 11-10 投票规则与队列原理

问题 7 队列操作

上例题设中，采用队列存储，算法设计又当如何？

答案

程序清单：

```
#include "stdio.h"
#define SIZE 10

main(){
    int data[SIZE];
    int q_start=0, q_end=0;                    //队列的最初、最终位置
    int x,y,i;

    for(i=0;i<3;i++){
        scanf("%d",&x);
        data[q_end++]=x;
    }

    y=data[q_start];
    data[q_start++]='\0';
    data[q_end++]=2*y;
```

```
    data[q_start++]='\0';

    for(i=q_start; i<q_end; i++){
        printf("data[%d]: %d\n", i, data[i]);
    }

    return 0;
}
```

程序运行结果：

```
2↙
3↙
5↙
data[2]: 5
data[3]: 4
请按任意键继续. . .
```

解说

队列中数据累积，通过 q_end++实现；从队列中读取数据，通过 q_start++实现。

注意

对于变量值变化频繁的程序运行，传统的代码阅读方式非全神贯注，很难准确读出各个变量值，而借助 C 语言编译器单步运行功能，则能清晰地看到程序运行每一步中各个变量的具体值。对于程序调试，从初学开始，一定要养成 Debug 的好习惯，活用 Debug 工具，便于发现 Bug 和算法中的逻辑错误，如图 11-11 所示。

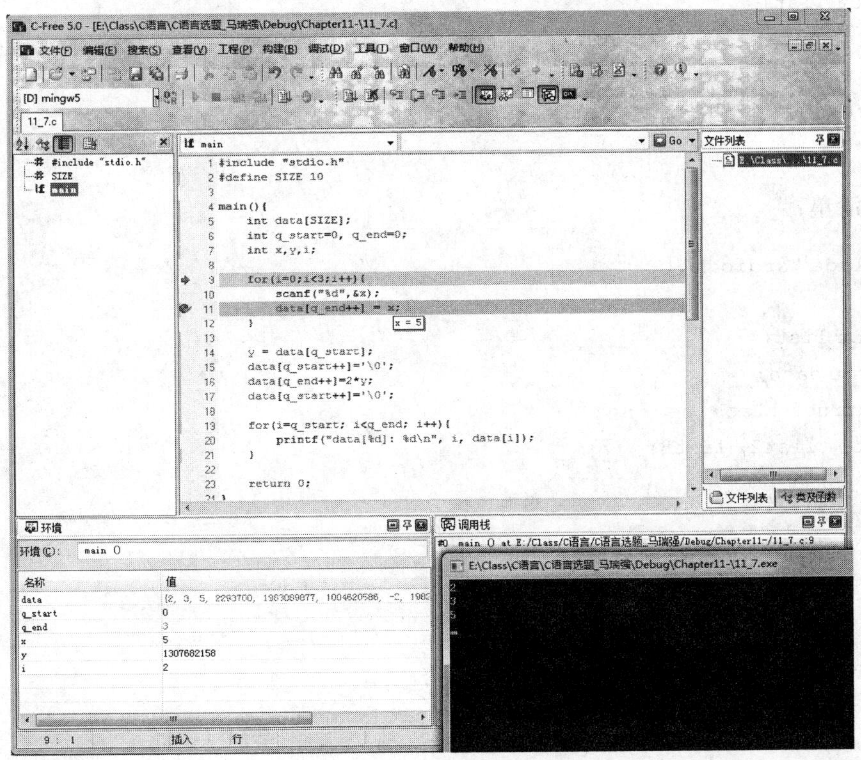

图 11-11 队列程序 Debug

程序运行结果：

```
2
3
5
data[2]: 5
data[3]: 4
请按任意键继续. . .
```

11.4.3 链表

链表可分为：单链表、循环链表、双向链表。

这里侧重单链表的介绍，只要理解了单链表(如图 11-12 所示)，循环链表和双向链表也就容易理解了。

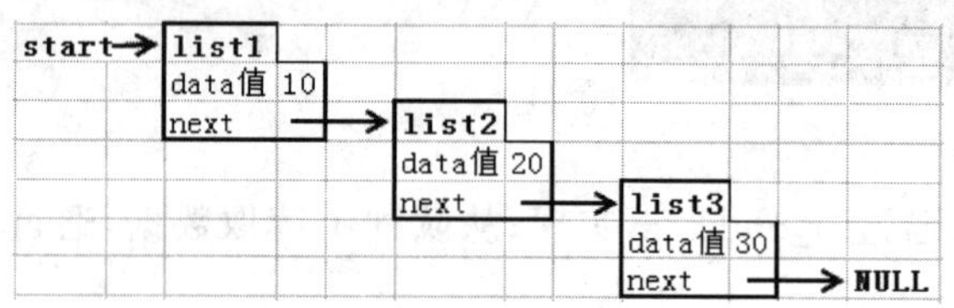

图 11-12 单链表结构

问题 8 单链表

试用链表实现以下结构体数据的链接。

```
struct list{
    int data;
    struct list * next;
} list1, list2, list3;
```

答案

程序清单：

```
#include "stdio.h"

struct list{
    int data;
    struct list * next;
}list1, list2, list3;

main(){
    struct list *p, * start;

    list3.data=30;
    list3.next=NULL;
    list2.data=20;
    list2.next=&list3;
    list1.data=10;
    list1.next=&list2;
```

```
    start=&list1;

    for(p=start; p!=NULL; p=p->next){
        printf("%d\n", p->data);
    }

    return 0;
}
```

```
10
20
30
请按任意键继续. . .
```

解说

(1) 单向链表为线性连接；

(2) 指针指向，各个数据元素的存储不要求连续。

注意

若在 for 语句的前面，追加如下语句：

```
list1.next=&list3;
```

则程序运行结果为：

请分析原因。

链表可很方便地应用于数据的删除、插入操作。

第12章 实验项目

实验1 熟悉C语言编程环境

（建议学时：2）

一、实验目的

1. 熟悉 Visual C++ 6.0 集成环境的使用；

2. 了解在 Visual C++ 6.0 环境下，如何编辑、编译、链接和运行一个 C 语言程序；

3. 通过编写简单的 C 语言程序，初步了解 C 程序的特点。

二、实验内容

1. 熟悉 Visual C++ 6.0 集成环境。

2. 输入并运行一个简单的 C 程序。

(1) 启动 Visual C++ 6.0 集成环境。

(2) 输入下面的程序。

```
#include<stdio.h>
int main(){
    printf("You are welcome!\n");
    return 0;
}
```

(3) 进行编译，观察屏幕上显示的编译信息。如果出现“出错信息”，则应找出原因并改正，再进行编译。

(4) 如果编译无错误，运行程序，观察分析运行结果。

3. 下面程序的功能是在屏幕上输出如下图案：

```
******
*    *
*    *
******
```

请将程序补充完整，使其能够运行并获得正确的结果。

```
#include<stdio.h>
main(){
    printf("***** *\n");
    return 0;
}
```

4. 下面的程序存在若干处错误，请仔细阅读程序，并进行修改，使程序能够正确运行。

```
#include<stdio.h
mian(){
    int a, b  sum;
    a=342;
    b=755;
    sum=a+b;
    printf("d+%d=%d\n,a,b,sum);
    retrun  0;
}
```

三、课外练习

1. 编写一个程序，从键盘输入 3 个整数，计算并输出其和。
2. 编程实现输入 3 个整数，输出其中最大者。
3. 编写一个程序，输出以下信息。

```
****************************************************
* Genius only means hard-working all one's life. *
****************************************************
```

实验 2　选择结构程序设计

（建议学时：2）

一、实验目的

1. 了解 C 语言表示逻辑量的方法；
2. 学会正确使用逻辑运算符和逻辑表达式；
3. 熟练掌握各种选择结构的使用，包括 if、if…else 和 switch 形式以及嵌套 if 的多重选择结构；
4. 结合程序掌握一些简单的算法。

二、实验内容

1. 有一个函数：

$$y=\begin{cases} x & (x<1) \\ 2x-1 & (1\leqslant x<10) \\ 3x-11 & (x\geqslant 10) \end{cases}$$

通过利用 scanf 函数接受键盘输入的 x 的值，求 y 值。运行程序，输入 x 的值（分别为 $x<1$、$1\leqslant x<10$ 和 $x\geqslant 10$ 三种情况），检查输出的 y 值是否正确。

2. 下面的程序可以从键盘上输入三角形的三边长，判断这三条边能否构成三角形，如果能构成三角形，则指出是等腰三角形、等边三角形、直角三角形，还是一般三角形。请将程序补充完整。

```
#include<stdio.h>
main(){
    double a, b, c;
    printf("请输入三角形的三条边：\n");
    scanf("__________", &a, &b, &c);
    if(_____________)
        printf("不能构成三角形。\n");
    else {
        if(_____________)
            printf("能构成等边三角形。\n");
        else if(a==b || b==c || a==c)
            ____________________;
        else if((a*a+b*b==c*c) || (b*b+c*c==a*a) || (a*a+c*c==b*b))
            printf("能构成直角三角形。\n");
        else
            printf("能构成一般三角形。\n");
    }
    return 0;
}
```

3. 下面的程序可以从键盘上输入一个字符，判断输入的字符是小写字母、大写字母、数字字符、空格字符，还是其他字符。程序中存在几处错误，请仔细阅读程序并修改后，使程序能够正确运行。

```
#include<stdio.h>
main(){
    char  ch;
    printf("Please enter an character:");
    scanf("%c", &ch);
    if(ch>=a && ch<=z)
      printf("This ia a lowercase letter.\n");
    if(ch>='A' && ch<='Z');
      printf("This ia a capital letter.\n");
    if(ch>=48 || ch<=57)
      printf("This ia a numeric character.\n");
    if(ch==' ')
      printf("This ia a space character.\n");
    else    c=number/100;
      printf("This is another character\n");
    return 0;
}
```

三、课外练习

1. 编写一个程序，输入一个整数，输出其符号(若 x＞0，输出 1，若 x＝0，输出 0，若 x＜0，输出－1)。

2. 给出一个百分制成绩，要求输出成绩等级 A、B、C、D、E。90 分以上为 A，80～89 分为 B，70～79 分为 C，60～69 分为 D，60 分以下为 E。

3. 输入 4 个整数，要求按由小到大顺序输出。

实验 3　循环结构程序设计

（建议学时：2）

一、实验目的

1. 熟练掌握用 while 语句，do…while 语句和 for 语句实现循环的方法；
2. 掌握循环嵌套以及从循环体内退出循环的方法；
3. 掌握循环语句的执行过程及用法；
4. 掌握在程序设计中用循环方法实现一些常用算法(如穷举、迭代、递推等)；
5. 学习程序调试方法。

二、实验内容

1. 从键盘输入正整数 n 的值，计算并输出 1＋2＋3＋4＋…＋n 的值。

2. 下面的程序可计算 1＋1/2!＋1/3!＋…＋1/20!的值并输出。请将程序补充完整。

```
#include<stdio.h>
main(){
    double sum, p;
    int n, i;
    ________________;
    for(n=1; n<=20; n++){
        p=1;
        for(i=1;__________; i++)
            p *=i;
        sum=________________;
    }
    printf("sum=%.2lf\n", sum);
    return 0;
}
```

3. 下面程序的功能是求出用 1 元人民币兑换 1 分、2 分和 5 分硬币的所有兑换方案，要求兑换硬币的总数为 70 枚。程序中存在几处错误，请仔细阅读程序并修改后，使程序能够正确运行。

```
#include<stdio.h>
main(){
    int n1, n2, n5, count=0;
    for(n1=1; n1<=100; n1++){
```

```
        for(n2=0; n2<=50; n2+=2) {
            for(n5=0; n5<=20; n5+=5) {
                if(n1+2*n2+n5==100 && n1+n2+n5==70) {
                    printf("%4d%4d%4d/t", n1, n2, n5);
                    count++;
                    if(count %4==0)  printf("\n");
                }
            }
        }
    return 0;
}
```

三、课外练习

1. 编程按公式 e=1+1/1!+1/2!+1/3!+…+1/n!计算 e 的值(精度为 1×10^{-6})。

2. 用牛顿迭代法求 $x=a^{\frac{1}{2}}$,迭代公式为：$x_{n+1}=(x_n+a/x_n)/2$。

要求满足 $|x_{n+1}-x_n|\leqslant10^{-5}$,如果计算到 20 次仍达不到精度要求,就结束迭代。编写程序,计算 5 的平方根,x 的初值为 3。

3. 输入任意个学生的单科成绩,求出其中最高分、最低分及平均分。

4. 编写程序,输出如下图案。

```
    *
   ***
  *****
 *******
*********
```

实验 4　数组与字符串的应用

（建议学时：2）

一、实验目的

1. 掌握一维数组和二维数组的定义、赋值和输入输出方法；
2. 掌握字符数组和字符串函数的使用；
3. 掌握与数组有关的算法(特别是排序算法)。

二、实验内容

1. 将一个数插入到一个有序的数组中,要求插入后数组仍有序。

2. 下面程序的功能是将一维数组中的数按逆序重新存放并输出。请将程序补充完整。

```
#include<stdio.h>
#define N 7
main(){
    int a[N], i, t;
```

```
    for(i=0; i<N; i++)
        scanf("%d",________);
    for(i=0;____________; i++){
        t=a[i];
        a[i]=_________;
        ___________=t;
    }
    for(i=0; i<N; i++)  printf("%d ", a[i]);
    printf("/n");
    return 0;
}
```

3. 下面程序在一个一维数组中查找某个数，如果能找到，则输出该数在数组中的位置，否则输出“未找到”。程序中存在几处错误，请仔细阅读程序并修改后，使程序能够正确运行。

```
#include<stdio.h>
#define N 10
main(){
    int a[N], i, number, flag;
    for(i=0; i<N; i++)
        scanf("%d", &a[i]);
    printf("请输入要查找的数: ");
    scanf("%d", &number);
    for(i=0; i<N; i++)
        if(a[i]=number){
            printf("该数位置在%d\n", i);
            flag=0;
        }
    if(flag==0)  printf("未找到\n");
    return 0;
}
```

三、课外练习

1. 输入一个4行4列的矩阵，分别求出主对角元素之和以及上三角元素之和。

2. 输入一行字符串，将该字符串中所有的大写字母改为小写字母后输出。

3. 编写一个程序，输入每个学生的学号和平均成绩，将平均成绩按递减顺序排序，输出排序后的学号和平均成绩。

4. 编写一个程序，把从键盘输入内容中所包含的每个字母(忽略大小写)出现的次数进行统计，统计结果存放在一个长度为27的一维数组中，前26个数组元素依次存放A(a)～Z(z)的出现次数，最后一个数组元素存放非字母字符出现的次数。

5. 编写一个程序，输入一个4×6的二维数组，找出其中所有的偶数，并把它们存放到一个一维数组中，然后按照从大到小的顺序输出。

实验5　函数的应用

（建议学时：4）

一、实验目的

1．掌握定义函数的方法；

2．掌握函数实参与形参的对应关系以及“按值传递”参数的方式；

3．掌握函数的嵌套调用和递归调用的方法；

4．掌握全局变量和局部变量、动态变量、静态变量的概念和使用方法；

5．学习对多文件程序的编译和运行。

二、实验内容

1．编写一个程序，将1～500之间的所有素数都打印输出。

要求：①将判断一个整数是否为素数的过程写成一个函数，然后在主函数中输入数值，通过调用函数来判断其是否为素数，通过返回值将是否是素数的结果带回主函数，如果是素数，则返回1，否则返回0。②用循环语句提供1～500的数据。③在主函数中打印输出素数。

2．使用递归方法，编写一个求解S＝1＋2＋3＋…＋n的函数。

要求：在主函数中输入n的值，并且输出最后结果S；而在子函数中只求解1～n之和。

3．求两个整数的最大公约数和最小公倍数。用一个函数求最大公约数，用另一个函数根据求出的最大公约数求最小公倍数。

①不用全局变量，分别用两个函数求最大公约数和最小公倍数。两个整数在主函数中输入，并传送给函数1，求出的最大公约数返回主函数，然后再与两个整数一起作为实参传递给函数2，以求出最小公倍数，再返回到主函数输出最大公约数和最小公倍数。②用全局变量的方法，分别用两个函数求最大公约数和最小公倍数，但其值不由函数带回。将最大公约数和最小公倍数都设为全局变量，在主函数中输出它们的值。

4．下面程序的功能是从键盘输入一个整数x，再输入一个正整数n。要求编写一个函数用来计算x^n。请将程序补充完整。

```
#include<stdio.h>
____________________;              //补充对函数的声明
main(){
    int x, n;
    printf("x=");
    scanf("%d", &x);
    printf("n=");
    scanf("%d", &n);
    printf("x^n=%d\n", ________________);
    return 0;
}
```

```
__________ myPow(int x, int n) {
    int i, result=1;
    for(i=1; i<=n; i++)
        result *=x;
    return result;
}
```

5. 下面函数的功能是计算并返回两个正整数的平方和。程序中存在几处错误，请仔细阅读程序并修改后，使函数能够完成以下定义的功能。

```
void sumOfSquares(double a, int b) {
    sum=a*a+b*b;
    return sum;
}
```

三、课外练习

1. 写一个函数，将给定的一个 3×3 的二维整型数组转置，即行列互换。

2. 求方程 $ax^2+bx+c=0$ 的根，用三个函数分别求当 b^2-4ac 大于 0、等于 0 和小于 0 时的根并输出结果。在主函数中输入 a、b、c 的值。

3. 用递归方法求 n 阶勒让德多项式(Legendre Polynomials)的值，递归公式为：

$$P_n(x)=\begin{cases}1 & (n=0)\\ x & (n=1)\\ ((2n-1)x-P_{n-1}(x)-(n-1)P_{n-2}(x))/n & (n>1)\end{cases}$$

4. 写一个函数，输入一个十六进制数，输出相应的十进制数。

实验6　指针的应用

（建议学时：4）

一、实验目的

1. 理解 C 语言中指针的本质，区分指针与指针变量；
2. 掌握指针的定义；
3. 掌握指向普通变量的指针的使用；
4. 掌握如何用指针来处理与数组有关的问题。

二、实验内容

1. 输入三个整数，按由小到大的顺序输出，然后将程序改为输入三个字符串，按由小到大的顺序输出。

2. 将一个 3×3 的矩阵转置，用一函数实现。

在主函数中用 scanf 函数输入以下矩阵元素：

1 3 5

7 9 11

13 15 19

将数组名作为函数实参，在执行函数的过程中实现矩阵转置，函数调用结束后在主函数中输出已转置的矩阵。

3. 下面程序的功能是将两个整数，按从小到大的顺序输出，要求用指针方式来处理。请将程序补充完整。

```
#include<stdio.h>
void change(int *p1, int *p2);
main(){
    int n1, n2;
    scanf("%d%d", &n1, &n2);
    change(_____________);
    printf("%d<=%d\n",_________________);
    return 0;
}

void change(int *p1, int *p2) {
    int t;
    if(_______________) {
        t=*p1;
        *p1=*p2;
        *p2=t;
    }
    return;
}
```

4. 下面程序的功能是将两个两位的正整数 a、b 合并成一个整数并放入 c 中。合并的方式是将 a 的十位和个位分别放在 c 的千位和十位上，b 的十位和个位分别放在 c 的个位和百位上。如 a=12，b=34，则合并后的 c 为 1423。程序中存在几处错误，请仔细阅读程序并修改后，使程序能够正确运行。

```
#include<stdio.h>
void comb(int a, int b, int *c);
int main() {
    int a, b;
    scanf("%d%d", &a, &b);
    comb(a, b, c);
    printf("合并后的数为%d\n", *c);
    return 0;
}

void comb(int a, int b, int *c) {
```

```
    int a1, a2, b1,b2;
    a1=a/10;
    b2=a %10;
    b1=b/10;
    b2=b %10;
    c=a1+a2+b1+b2;
    return;
}
```

三、课外练习

1. 用指针实现两个字符串首尾连接的函数 strcat(char ＊s, char ＊t)。

2. 用选择法对 10 个整数按升序排序。

3. 将数组中的最大值与最后一个数交换,最小值与第一个数交换。要求: ①用指针来引用数组中的每个元素实现查找最大值; ②数组名作函数参数; ③本程序包括三个子函数: 输入 10 个数,处理,输出 10 个数。

4. 有 n 个人围成一圈,顺序排号。从第 1 个人开始报数(从 1 到 3 报数),凡报到 3 的人退出圈子,问最后留下的是原来第几号的那位。

5. 用指向指针的指针的方法对 n 个整数排序并输出。要求将排序单独写成一个函数。n 和各整数在主函数中输入,最后在主函数中输出排序结果。

实验 7　结构体、共用体的应用

(建议学时: 2)

一、实验目的

1. 熟悉结构体和共用体的概念;
2. 熟悉结构体变量和共用体变量的定义、赋值与使用;
3. 掌握结构体变量和共用体变量对存储空间的占用情况;
4. 掌握链表的概念,初步学会对链表进行操作。

二、实验内容

1. 下面的程序声明了一个关于时间的结构体 Clock,输入一个具体的时间后,输出该时间。请将程序补充完整。

```
#include<stdio.h>
   ________Clock {
   int hour;
   int minute;
   int second;
};
```

```
main(){
    ________ Clock time;
    scanf("%d%d%d", &time.hour, &time.minute, &time.second);
    printf("The time is %d:%d:%d\n",____________________);
    return 0;
}
```

2. 下面的程序声明了一个关于复数的结构体 Plural,并定义了一个函数来计算两个复数的和,请仔细阅读程序,改正其中的错误。

```
struct Plural {
    double real;
    double imag;
};
struct Plural add(struct Plural * p1, struct Plural * p2) {
    Plural p;
    c.real=p1.real+p2.real;
    c.imag=p1->imag+p2->imag;
    return p;
}
```

3. 输入 10 个学生的学号、姓名、性别及成绩,分别找出其中的男状元及女状元。

三、课外练习

1. 建立一个链表,每个结点包括:学号、姓名、性别、年龄。输入一个年龄,如果链表中的结点所包含的年龄等于此年龄,则将此结点删去。

2. 若干个人围成一圈,从第 1 个人开始顺序报数 1、2、3。凡报到"3"者退出圈子,找出最后留在圈子中的人原来的序号。(本题要求用链表实现。)

3. 输入和运行以下程序:

```
union data {
    int i[2];
    float a;
    long b;
    char c[4];
} u;
main(){
    scanf("%d%d",&u.i[0],&u.i[1]);
    printf("i[0]=%d,i[1]=%d,a=%f,b=%ld,c[0]=%c,c[1]=%c,c[2]=%c,c[3]=%c",
        u.i[0],u.i[1],u.a,u.b,u.c[0],u.c[1],u.c[2],u.c[3]);
    return 0;
}
```

输入两个整数 10000、20000 给 u.i[0]和 u.i[1],分析运行结果。然后将 scanf 语句改为:scanf("%ld",&u.b);,输入 60000 给 b,分析运行结果。

实验 8　文件的应用

（建议学时：2）

一、实验目的

1. 掌握文件以及缓冲文件系统、文件指针的概念；
2. 学会使用文件打开、关闭、读写等文件操作函数；
3. 学会用缓冲文件系统对文件进行简单的操作。

二、实验内容

1. 编写一个程序，从键盘上输入一个字符串，将其输出到磁盘文件 store. txt 中保存，输入的字符串以"!"结束。然后再统计该文件中所包含的字母、数字、空白字符的个数，并显示在屏幕上。

2. 编写一个程序，要求：①将上一题 store. txt 文件复制到另一个文件 copy. txt 中；②将 store. txt 文件显示在屏幕上。

3. 下面程序的功能是将从键盘上输入的一个字符串（少于 100 个字符）保存到文本文件 file. txt 中。请将程序补充完整。

```
#include<stdio.h>
#include<string.h>
#include<stdlib.h>
main(){
    char str[100];
    FILE *fp;
    if((fp=fopen(______________))==NULL){
        printf("打不开文件\n");
        exit(0);
    }
    printf("请输入一个字符串：");
    gets(str);
    fputs(______________);
    fclose(fp);
    return 0;
}
```

4. 下面程序的功能是从键盘输入一个文件名，然后把从键盘输入的 7 个实数保存到该二进制文件中。请仔细阅读程序，改正其中的错误，使程序能正确运行。

```
#include<stdio.h>
#include<stdlib.h>
#define N 7
main(){
```

```
    char filename[30];
    double b[N]={0.0}, * p;
    FILE * fp;
    printf("请输入文件名: ");
    gets(filename);
    if((fp=fopen(filename, "r"))==NULL) {
        printf("打不开文件\n");
        exit(0);
    }
    printf("请输入%d个实数: ", N);
    for(p=b; p<b+N; p++)  scanf("%lf", p);
    fwrite(b, sizeof(double), 1, fp);
    fclose(fp);
    return 0;
}
```

三、课外练习

有5个学生,每个学生有三门课的成绩,从键盘输入以上数据(包括学号、姓名、三门课成绩),计算出平均成绩,将原有数据和计算出的平均分数存放在磁盘文件stud.txt中。设学生的学号、姓名和三门课成绩格式如下。

```
200801   Wang   89,98 69
200802   Li     84,67,95
```

附　录

附录A　C语言与嵌入式系统开发

嵌入式系统(Embedded System)，是一种完全嵌入受控器件内部，为特定应用而设计的专用计算机系统。嵌入式系统，通常执行的是带有特定要求的预先定义的任务，主要应用于控制、监视或辅助设备、机器、工厂运作的设备等。

嵌入式系统采用C语言开发的主要理由有以下两个。

(1) C语言函数，初期在内存中一旦配置，持续有效；

(2) 无须回收内存垃圾。

目前，一半以上的嵌入式产品是用C语言开发的。C语言算法的设计，将直接影响到嵌入式产品的实时应答、ROM/RAM大小、CPU性能、电源的工作等方面的性能。从C语言程序设计角度来讲，软件的信赖性、保守性、移植性、效率性至关重要，直接影响到产品性能、升级换代、企业成本。因此，从初学C语言开始，就应树立良好的编程习惯，此举意义极其重大。

以下罗列一些在工程实践中的常规编码习惯以及注意事项。

1. 优良CODE忌讳事项

【例A-1】 明示变量类型

```
int ival;
char cval;
cval=(char)ival;
```

点评：如果不明确类型，可能导致数值位数丢失、错误现象发生。

【例A-2】 数组下标越界

```
#define ARRAY_MAX (10)                    //开发规约：数字加括号
short int iarray[ARRAY_MAX];
iarray[-1]=0;
iarray[ARRAY_MAX]=0;
```

点评：如果数组下标为负数或越界，均会导致内存数据被破坏。

【例A-3】 超长字符串数据代入

```
char cbuff[10];
strcpy(cbuff, "1234567890");     //strcpy(cbuff, "123456789"); OK
```

点评：因编译器而异，可能有警告(Warning)提示。程序尽管能运行，不过内存数据将被破坏。

【例 A-4】 注释

```
/*
a_falg=0;        /* mode a: inactive */
*/<=Error
b_falg=1;        /* mode b: active   */
```

点评：嵌入式软件的编译，对象是微处理器，通常先在 PC 上进行运行确认，然后在不同于编译环境的运行环境中生成机器语言，称为交叉编译。交叉编译不仅要解析出程序的语法错误，如上述所示代码，而且服务器对代码表述问题都要一一指出，如下列代码。

(3)
```
#include<stdio.h>
#define ARRAY_SIZE (16)

main(){
    int array[ARRAY_SIZE];
    int i,j;
    for(i=j; i<ARRAY_SIZE;++i){
        array[i]=0;
    }
}
```

Debug 情况如附图 A-1 所示，解析结果是变量 j 没有初始化，就对变量 i 进行了赋值操作。类似代码，在 PC 编译系统中也许不出现警告提示，但是到嵌入式系统中是绝对不允许的。

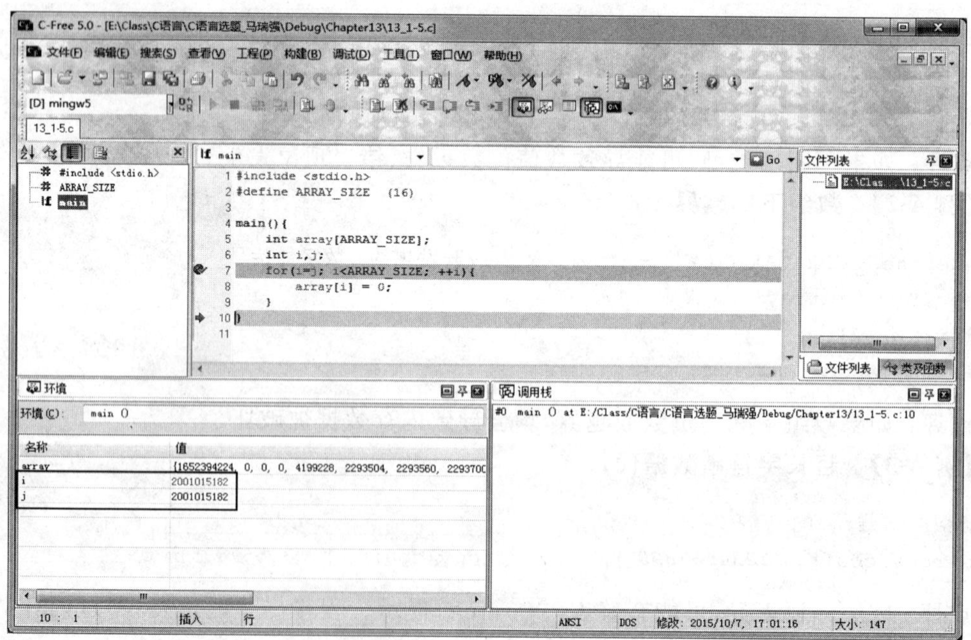

附图 A-1 变量赋值跟踪

2. 资源确保问题

【例 A-5】 内存资源的配置与释放

```
#define BUFSIZE (1024)
main(){
    short int *p_iarray;
    p_iarray=(short int *)malloc(BUFSIZE*sizeof(short int));
    func1(p_iarray);
    func2(p_iarray);
}

func1(short int *ptr){
      ⋮
    if(condition1)
        return;
  if(condition2){
        free(ptr);
        return;
    }
}

func2(short int *ptr){
    ⋮
}
```

点评：资源的配置与释放，应该在同一函数的同一层次中进行，切不可跨越。故上述代码应修改为：

```
#define BUFSIZE (1024)
main(){
    short int *p_iarray;
    p_iarray=(short int *)malloc(BUFSIZE*sizeof(short int));
    func1(p_iarray);
    func2(p_iarray);
    free(ptr);
}

func1(short int *ptr){
      ⋮
    if(condition1)
        return;
    if(condition2){
        return;
    }
}
func2(short int *ptr){
      ⋮
}
```

【例 A-6】 资源的消耗

```
int array[10];
int *p, *p_end;
/*  与指针 p_end 相同,则结束初始化  */
for(p=array, p_end=&array[5]; p!=p_end; p++){
    *p=0;
}
```

点评:在 C 语言开发中,事件(Event)等待循环的 while(1)常被使用,但是无意设计的无限循环将使资源消耗殆尽,故务必设置脱离循环的安全条件,试与下列代码比较。

```
int array[10];
int *p, *p_end;
/*  大于指针 p_end,则结束初始化  */
for(p=array, p_end=&array[5]; p<p_end; p++){
    *p=0;
}
```

下列代码也不可能正常运行,因为没有意识到小数浮点运算的有效位数。

```
float fval;
for(fval=0.0; fval!=0.1; fval+=0.001){
    ⋮
}
```

【例 A-7】 变量的内存分配

```
struct some_struct{
    long int left;
    char l_tag;
    long int center;
    char c_tag;
    long int right;
    char r_tag;
}
```

点评:下面是变量在内存上的分配示例,依据上述结构体代码的声明定义,各变量在内存中的分配情况如附图 A-2 所示。但嵌入式产品内存宝贵,并直接影响到其性能,附图 A-3 的分配情况属理想。

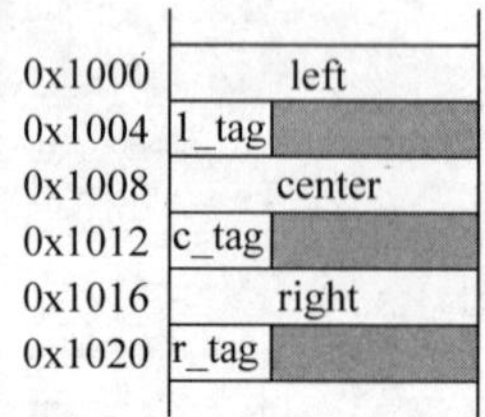

附图 A-2 编译分配内存

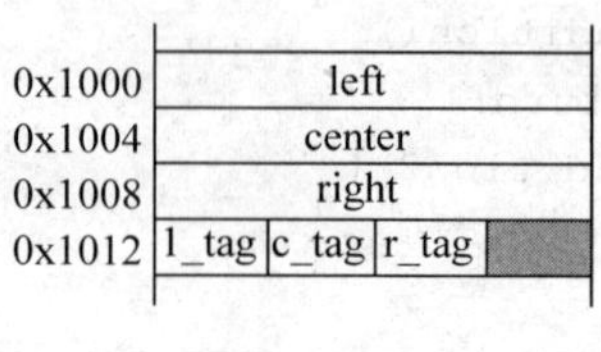

附图 A-3 理想分配的内存

【例 A-8】 结构体与共用体的内存分配

```
struct s_sample{
    short int        posi_x;
    short int        posi_y;
    unsigned char    red;
    unsigned char    green;
    unsigned char    blue;
} pixel1;
```

点评：变量 pixel1 内存分配如附图 A-4 所示，结构体成员全体的分布是由名为 pixel1 的变量管理；其实，在嵌入式程序设计中，同结构体一样，共用体也多被使用，例 A-8 中，结构体成员也可以设计成共用体，代码如下，内存分配如附图 A-5 所示，地址 n＋4 之后为共用体声明部分、共用内存空间，故程序可以对各个 unsigned char 型成员以及 long 型成员中任何一个进行访问。

```
struct s_sample{
    short int        posi_x;
    short int        posi_y;
    union {
        long    color;
        struct{
            unsigned char    red;
            unsigned char    green;
            unsigned char    blue;
        }
    } u_;
} pixel2;
```

Address	pixel1
n−1	
n	short int posi_x
n+1	
n+2	short int posi_y
n+3	
n+4	unsigned char red
n+5	unsigned char green
n+6	unsigned char blue
n+7	

附图 A-4　结构体内存分配

Address	pixe12	
n−1		
n	short int posi_x	
n+1		
n+2	short int posi_y	u_
n+3		
n+4	unsigned char red	long color
n+5	unsigned char green	
n+6	unsigned char blue	
n+7		
n+8		

附图 A-5　结构体、共用体内存分配

【例 A-9】 内存分配与模块移植性问题

```
typedef char                schar;
typedef unsigned            uchar;
typedef int                 int16;
typedef unsigned int        uint16;
```

```
typedef long                int32;
typedef unsigned long       uint32;

int32 data;
   ...
data=0x10203040;
```

点评：此例中变量的定义有 int16 和 int32 两种，int16 对于 16 位的微处理器来说不存在问题，但是 int32 变量可能会出现异常。为了使内存高效分配，动态确保 int 型的数组，修改如下。

```
#define ARRAY_SIZE (128)
int * p_array;

if((p_array=(int *)malloc(sizeof(int) * ARRAY_SIZE))==NULL){
    printf("Error! Can not allocte memory. \n");
}
```

此处的 sizeof 运算符，对于基本型以外的数组、结构体同样适用。诸如拥有多个成员结构体的初始化，首先全部置为 0，然后再对 0 以外设置的成员再度初始化设置，改进代码如下，便于模块在不同微处理器间移植。

```
#define ARRAY_SIZE          (128)
#define TAGNAME_SIZE        (16)
#define NOT_SET             (-1)
typedef struct sometype{
    long int array[ARRAY_SIZE];
    char tag_name[TAGNAME_SIZE];
    char property;
    int size;
} someDataType;
someDataType * data;

void init(void){
    if((data=(someDataType *)malloc(sizeof(someDataType)))==NULL){
        printf("Error! Can not allocte memory. \n");
    }
    memset(data, 0, sizeof(someDataType));
    data->property=NOT_SET;
    return;
}
```

诸如 memset/memcpy 之类的写法，在嵌入式产品开发中应用非常广泛。

3. 意外事件处理

【例 A-10】 危险代码 1

```
int iresult;
```

```
if(ival==CASE_1){
    iresult=SUCCESS;
}

if(ival==CASE_2){
    iresult=FAIL;
}
```

点评：这种设计是 ival 的值无论是 CASE_1 或是 CASE_2，肯定有其一，可是理想值以外的值存在时，iresult 将处于一个不确定状态。例 A-11 的设计，同样是危险的。

【例 A-11】 危险代码 2

```
if(ival==CASE_1){
    iresult=SUCCESS;
}else if(ival==CASE_2){
    iresult=FAIL;
}
```

周全的设计应该是以下代码所示的样子。

```
if(ival==VALUE1){
    iresult=SUCCESS;
}else if(ival==VALUE2){
    iresult=FAIL;
}else{
    /* 理想值以外的值时的处理操作 */
}
```

不仅是 if 语句，switch…case 也是如此，使用 default 是保险之举。

```
switch(ival){
    case VALUE1
        /* VALUE1 值时的处理操作 */
        iresult=SUCCESS;
        break;
    case VALUE2
        /* VALUE2 值时的处理操作 */
        iresult=FAIL;
        break;
    default
        /* 理想值以外的值时的处理操作 */
        break;
}
```

4. 中断请求

所谓中断，是指在主处理运行过程中，突然被中断，优先运行中断处理，待中断处理运行完毕后，从断点开始，继续运行主处理程序。中断处理代码力求简短、简洁。

【例 A-12】

```
#define ON     (1)
#define OFF    (0)

static char flag;

void main(void){

    /* initialization */

    while(1){                  //设计技巧
        if(flag==ON){
            flag=OFF;
            /* interrupt process */
        }
    }
}

void intfunc(){

    /* concise interrupt contents */

    flag=ON;                   //中断发生告知
}
```

点评：嵌入式产品中，中断处理使用相当普遍。例如，车载导航器工作，进入道路导航时，便开始了 while(1)死循环，直到有中断请求才暂时中止。while(1)编程，在C语言学习中是忌讳的，但此时恰恰被巧妙利用，发挥了独特功效。

5. 测试工具ICE

大多嵌入式系统单元测试可以分为以下两步完成。

1）开发本机的 Windows 环境测试

事先搭建好的虚拟实机的 Windows 环境，开发完成的独立模块组入本机的 Windows 测试环境中进行，可以达到部分查错目的；但是有些测试是依托硬件等，在 Windows 环境下无法完成。

2）ICE 实机测试

常被称作“实机”，其实是一台虚拟测试机，无论是否经过 Windows 环境测试，都要进行 ICE 机测试，动作确认无误后方可将本机完成模块组入到开发系统中。

附录B　C语言编译环境

1. 编译工具

C语言编译工具较多，根据支持操作系统区分，大概可分为两类：for DOS 和 for

Windows。学习和开发常用的有以下几种，特别是嵌入式软件开发过程中，通常与文本编辑器配合使用。

(1) Microsoft Visual C++ 6.0 编译器，如附图 B-1 所示。

附图 B-1　VC++ 6.0 编译器

(2) C-Free 5.0 编译器，如附图 B-2 所示。

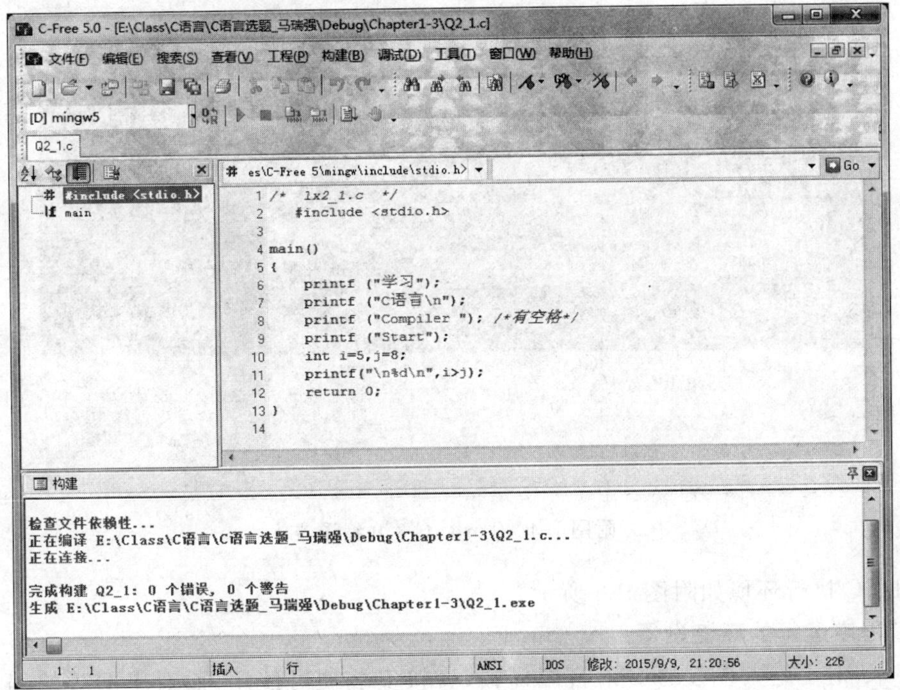

附图 B-2　C-Free 5.0 编译器

(3) Dev-C++ 4.9 编译器,如附图 B-3 所示。

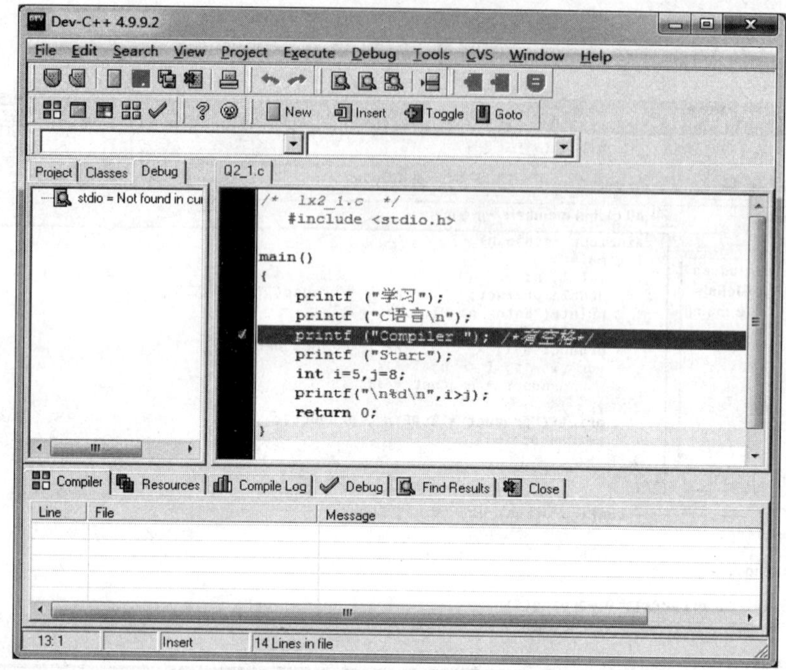

附图 B-3 Dev-C++ 4.9 编译器

(4) Turbo C 3.0 编译器,如附图 B-4 所示。

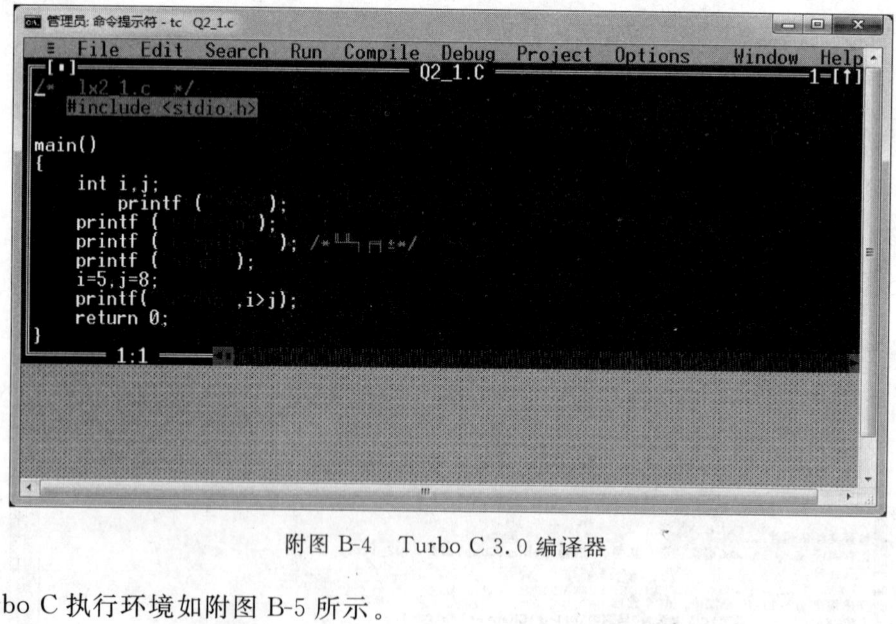

附图 B-4 Turbo C 3.0 编译器

Turbo C 执行环境如附图 B-5 所示。

2. C 程序运行的环境设置

近年来,对于绝大多数的 C 语言编译器,直接安装便可使用;而对于旧版的编译器,安装完毕后,还需要进行简单的参数设置,方可自由使用。其设置方法、原理,与嵌入式软件开发环境,编译环境设置是类似的,故此处特以旧版的 Borland C++ Compiler 为例,说明其安

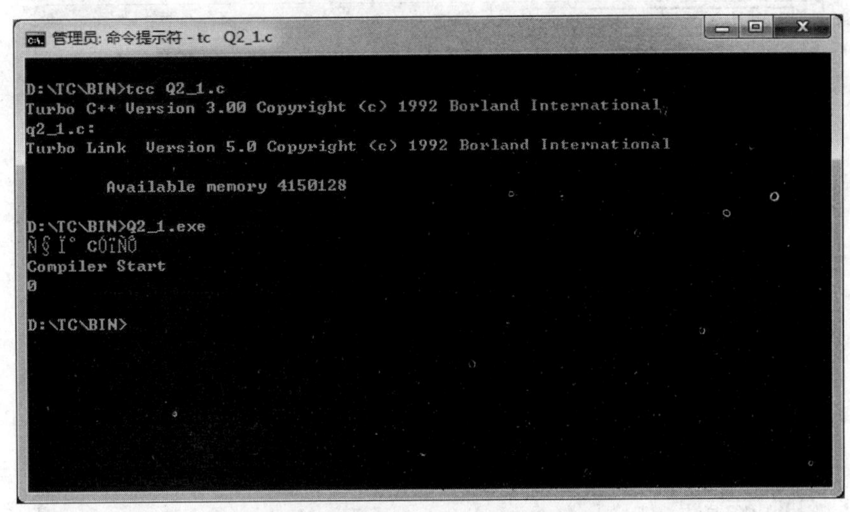

附图 B-5　Turbo C 执行环境

装、设置、动作确认全过程，以求起到抛砖引玉的作用。

1）编译器安装

无论是学习C语言，或者是用C语言来开发，都需要安装C语言编译器。利用编译器把源程序翻译成机器语言，供调动计算机识别。此处仅以 Windows 环境为例说明，其实 UNIX 环境设置，道理也是一样的：

Borland C++ Compiler 5.5 可以免费获取，下载到本机适当位置（通常为非系统盘），启动安装至指定文件夹：

```
D:\borland\bcc55
```

2）编译确认

确认 D:\borland\bcc55 文件夹下的 bin 子文件夹里面是否存在名为 bcc32.exe 的文件，它是编译的实体文件。

文件扩展名和全部文件表示方法：通过 Windows 系统设置，显示出来。

3）路径设定

在 Windows 环境参数路径设置中，追加编译实体文件所在路径 D:\borland\bcc55\bin，大小写没有区分，半角字母、分号分隔，如附图 B-6 所示。单击全部的"确定"按钮，路径设定完毕。

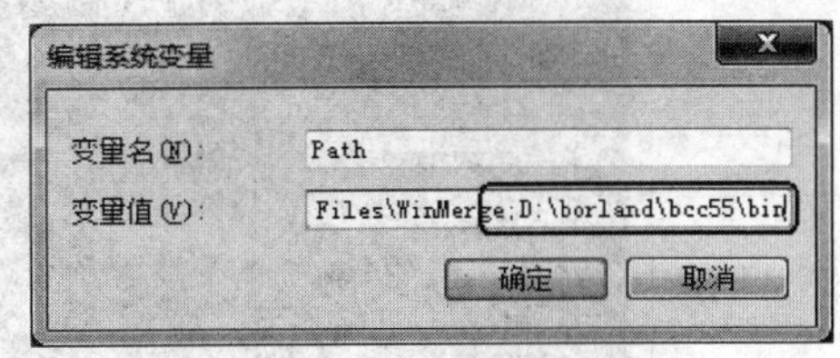

附图 B-6　编辑器运行必需的路径设置

4）CFG 文件设定

CFG 文件是 config 配置文件，通常与系统参数、软件配置等有关。

启动文本编辑器（Windows 自带的记事本也可），分别生成两个文件 bcc32.cfg 和 ilink32.cfg，均放置于 D:\borland\bcc55\bin 下，其内容分别如附图 B-7 和附图 B-8 所示。这两个文件是C语言标准函数使用时的必要设定，编译器使用前务必设置。

试问：用 Microsoft Visual C++ 6.0 可以编辑 CFG 文件吗？为什么？

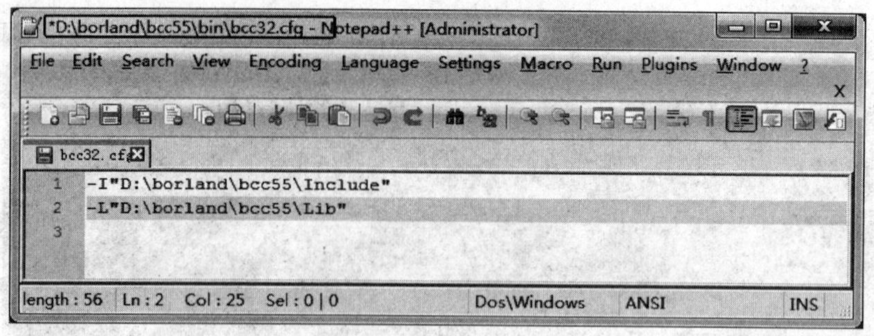

附图 B-7　配置文件 bcc32. cfg 设置

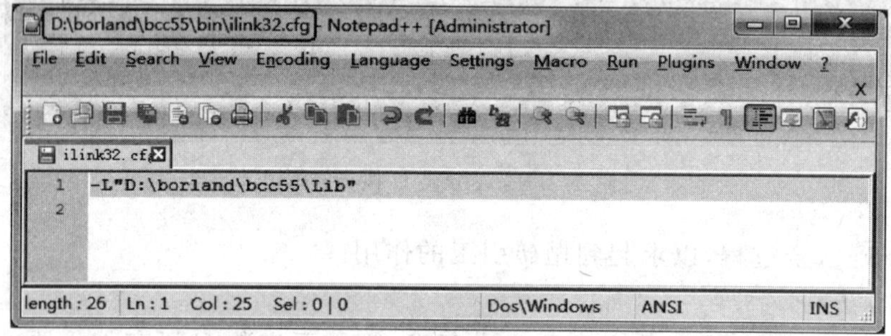

附图 B-8　配置文件 ilink32. cfg 设置

5）编译动作确认

使用命令提示符，输入“bcc32”，回车，出现如附图 B-9 所示信息，可以认为路径设置正确。

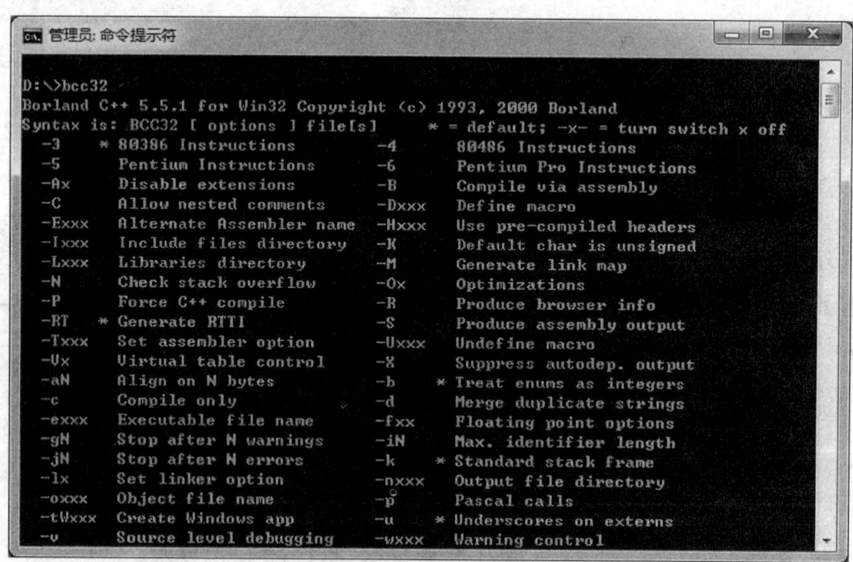

附图 B-9　测试设置成功

编辑一个简单的 C 语言源程序，输入“bcc32 test. c”，如果没有错误提示，可以认为 CFG 文件设定没有问题，如附图 B-10 所示。

到此为止，C 语言编译器安装、设置、确认全部结束，可以自由使用。

附图 B-10　源程序编译方法

3. 安卓 C/C++ 编译器

1）简介

手机编译器有很多，这里以安卓 C/C++ 编译器 C4droid 为例来说明。C4droid 是一款 Android 设备上的 C/C++ 程序编译器，默认以 TCC(Tiny C Compiler)为编译器，基本内容如下。

（1）C4droid. apk

C4droid 主程序，必须安装。

（2）Ministor. apk

Qt 库，任意安装。

（3）SDL for C4droid. apk

C4droid 的绘图库，任意安装。

（4）GCC for C4droid. apk

GCC(GNU Compiler Collection，GNU 编译器集合)，是一套由 GNU 开发的编程语言编译器，必须安装。

2）安装

如果已经安装旧版的 C4droid，那么一定要把旧版的 C4drod 卸载干净后重新安装。建议手机最好 ROOT，如果不会 ROOT，可以在网上看看 ROOT 教程。C4droid 安装导引如附图 B-11 所示。

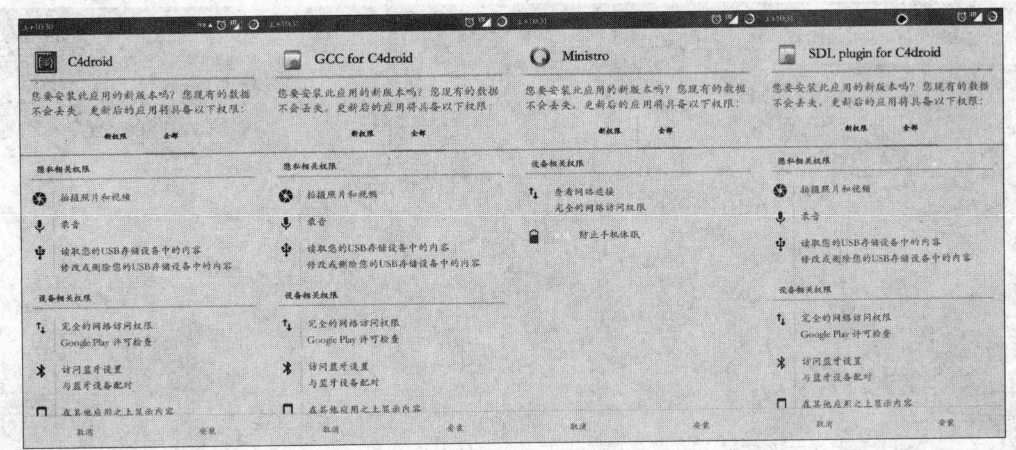

附图 B-11　C4droid 安装导引

自动解压安装，选中全部项目，然后选择内存卡，没有 ROOT 则选择内部储存。C4droid 安装项目选择如附图 B-12 所示。

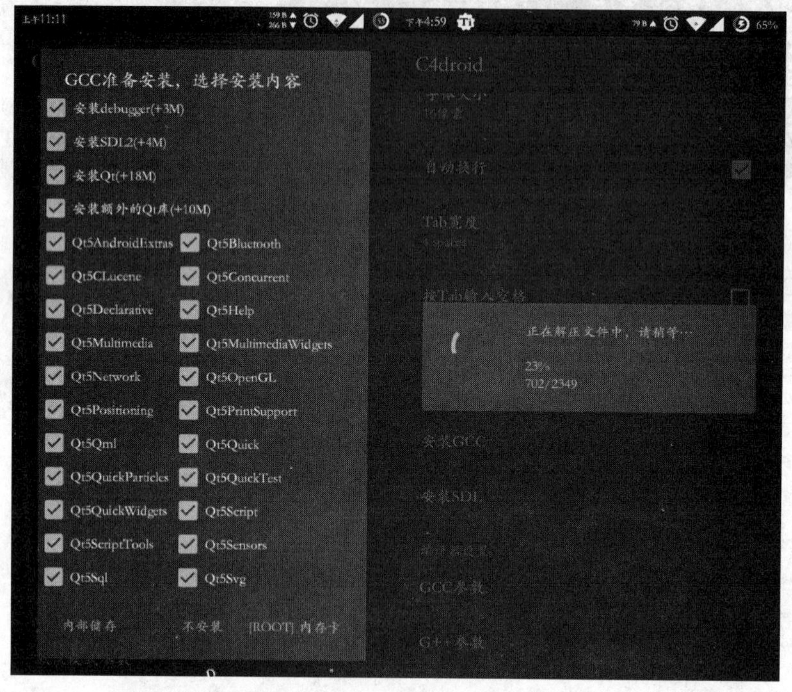

附图 B-12　C4droid 安装项目选择

3）测试

安装成功后，测试一下编译器是否可用。

单击“文件”→“打开”。打开 C4droid_examples/SDL/singlefile/demo. c 例子文件（C4droid_examples 等文件夹下有许多），单击“编译”，没有错误，再运行（或者直接运行，系统会自动编译，若出错则提示）。若程序正常运行，基本可以确认编译器安装成功，如附图 B-13 所示。

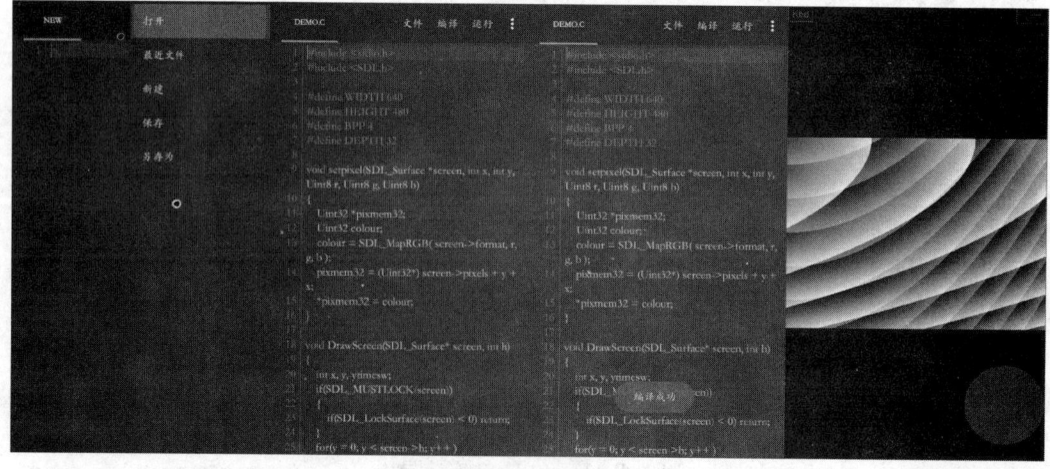

附图 B-13　安装确认

4）导出

在编好代码且调试成功后可以将程序导出为 APK 安装文件。以上述测试程序为例，单击“文件”→“导出”。分别设置好文件名(如附图 B-14 所示，DOME. apk 为文件名，之前的为文件保存路径)，包名，应用程序标题，版本号，图标路径。单击“确定”按钮即可。

双击 APK 安装包可进行安装，如附图 B-15 所示。

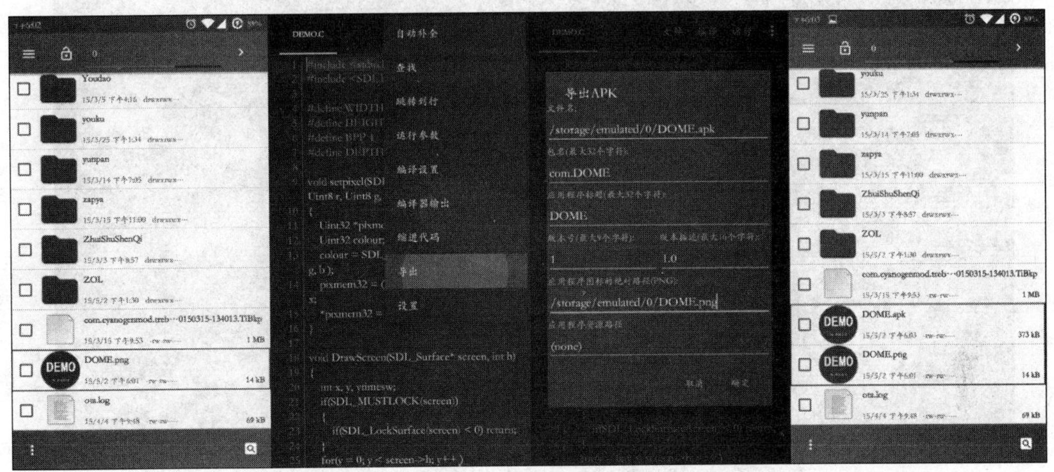

附图 B-14　文件导出

附图 B-15　安装成功

5）编译

以两个数的加减法运算为例。先在代码第 11 行设置断点，然后运行。在输入 a 和 b 的值后，关闭键盘，会出现一个 Debug 窗口，可以添加变量进行监视、单步执行等，如附图 B-16 所示。

附图 B-16　编辑-编译测试

附录 C　ASCII 码表

ASCII(American Standard Code for Information Interchange，美国标准信息交换代码)是现代英语、西欧语言中被使用的以拉丁字母为中心的文字编码系统，广泛应用于计算机系统以及其他通信设备。

ASCII 码使用指定的 7 位二进制数组合来表示 128 种可能的字符，即可表示所有的大、小写字母，数字 0～9、标点符号，特殊控制字符，如附表 C-1 所示。

附表 C-1　ASCII 码表

Bin	Dec	Hex	缩写/字符	解　释
0000 0000	0	00	NUL(null)	空字符
0000 0001	1	01	SOH(start of headline)	标题开始
0000 0010	2	02	STX(start of text)	正文开始
0000 0011	3	03	ETX(end of text)	正文结束
0000 0100	4	04	EOT(end of transmission)	传输结束
0000 0101	5	05	ENQ(enquiry)	请求
0000 0110	6	06	ACK(acknowledge)	收到通知
0000 0111	7	07	BEL(bell)	响铃
0000 1000	8	08	BS(backspace)	退格
0000 1001	9	09	HT(horizontal tab)	水平制表符

续表

Bin	Dec	Hex	缩写/字符	解　　释
0000 1010	10	0A	LF(NL line feed, new line)	换行键
0000 1011	11	0B	VT(vertical tab)	垂直制表符
0000 1100	12	0C	FF(NP form feed, new page)	换页键
0000 1101	13	0D	CR(carriage return)	回车键
0000 1110	14	0E	SO(shift out)	不用切换
0000 1111	15	0F	SI(shift in)	启用切换
0001 0000	16	10	DLE(data link escape)	数据链路转义
0001 0001	17	11	DC1(device control 1)	设备控制 1
0001 0010	18	12	DC2(device control 2)	设备控制 2
0001 0011	19	13	DC3(device control 3)	设备控制 3
0001 0100	20	14	DC4(device control 4)	设备控制 4
0001 0101	21	15	NAK(negative acknowledge)	拒绝接收
0001 0110	22	16	SYN(synchronous idle)	同步空闲
0001 0111	23	17	ETB(end of trans. block)	传输块结束
0001 1000	24	18	CAN(cancel)	取消
0001 1001	25	19	EM(end of medium)	介质中断
0001 1010	26	1A	SUB(substitute)	替补
0001 1011	27	1B	ESC(escape)	换码(溢出)
0001 1100	28	1C	FS(file separator)	文件分隔符
0001 1101	29	1D	GS(group separator)	分组符
0001 1110	30	1E	RS(record separator)	记录分离符
0001 1111	31	1F	US(unit separator)	单元分隔符
0010 0000	32	20	(space)	空格
0010 0001	33	21	!	
0010 0010	34	22	"	
0010 0011	35	23	#	
0010 0100	36	24	$	
0010 0101	37	25	%	
0010 0110	38	26	&	
0010 0111	39	27	'	
0010 1000	40	28	(	
0010 1001	41	29	)	
0010 1010	42	2A	*	
0010 1011	43	2B	+	
0010 1100	44	2C	,	

续表

Bin	Dec	Hex	缩写/字符	解　释
0010 1101	45	2D	—	
0010 1110	46	2E	.	
0010 1111	47	2F	/	
0011 0000	48	30	0	
0011 0001	49	31	1	
0011 0010	50	32	2	
0011 0011	51	33	3	
0011 0100	52	34	4	
0011 0101	53	35	5	
0011 0110	54	36	6	
0011 0111	55	37	7	
0011 1000	56	38	8	
0011 1001	57	39	9	
0011 1010	58	3A	:	
0011 1011	59	3B	;	
0011 1100	60	3C	<	
0011 1101	61	3D	=	
0011 1110	62	3E	>	
0011 1111	63	3F	?	
0100 0000	64	40	@	
0100 0001	65	41	A	
0100 0010	66	42	B	
0100 0011	67	43	C	
0100 0100	68	44	D	
0100 0101	69	45	E	
0100 0110	70	46	F	
0100 0111	71	47	G	
0100 1000	72	48	H	
0100 1001	73	49	I	
0100 1010	74	4A	J	
0100 1011	75	4B	K	
0100 1100	76	4C	L	
0100 1101	77	4D	M	
0100 1110	78	4E	N	
0100 1111	79	4F	O	

续表

Bin	Dec	Hex	缩写/字符	解释
0101 0000	80	50	P	
0101 0001	81	51	Q	
0101 0010	82	52	R	
0101 0011	83	53	S	
0101 0100	84	54	T	
0101 0101	85	55	U	
0101 0110	86	56	V	
0101 0111	87	57	W	
0101 1000	88	58	X	
0101 1001	89	59	Y	
0101 1010	90	5A	Z	
0101 1011	91	5B	[	
0101 1100	92	5C	\	
0101 1101	93	5D	]	
0101 1110	94	5E	^	
0101 1111	95	5F	_	
0110 0000	96	60	`	
0110 0001	97	61	a	
0110 0010	98	62	b	
0110 0011	99	63	c	
0110 0100	100	64	d	
0110 0101	101	65	e	
0110 0110	102	66	f	
0110 0111	103	67	g	
0110 1000	104	68	h	
0110 1001	105	69	i	
0110 1010	106	6A	j	
0110 1011	107	6B	k	
0110 1100	108	6C	l	
0110 1101	109	6D	m	
0110 1110	110	6E	n	
0110 1111	111	6F	o	
0111 0000	112	70	p	
0111 0001	113	71	q	
0111 0010	114	72	r	

续表

Bin	Dec	Hex	缩写/字符	解　释
0111 0011	115	73	s	
0111 0100	116	74	t	
0111 0101	117	75	u	
0111 0110	118	76	v	
0111 0111	119	77	w	
0111 1000	120	78	x	
0111 1001	121	79	y	
0111 1010	122	7A	z	
0111 1011	123	7B	{	
0111 1100	124	7C	|	
0111 1101	125	7D	}	
0111 1110	126	7E	～	
0111 1111	127	7F	DEL(delete)	删除

试问：对应英文大小写字母相差十进制的多少？

附录 D　练习题及参考答案

第一部分　单项选择题

1. 构成 C 语言程序的基本单位是(　　)。

   A. 函数　　B. 过程　　C. 子程序　　D. 子例程

2. C 语言程序从(　　)开始执行。

   A. 程序中第一条可执行语句　　B. 程序中第一个函数

   C. 程序中的 main 函数　　D. 包含文件中的第一个函数

3. 以下说法中正确的是(　　)。

   A. C 语言程序总是从第一个定义的函数开始执行

   B. 在 C 语言程序中，要调用的函数必须在 main()函数中定义

   C. C 语言程序总是从 main()函数开始执行

   D. C 语言程序中的 main()函数必须放在程序的开始部分

4. 下列关于 C 语言的说法错误的是(　　)。

   A. 程序的工作过程是编辑、编译、链接、运行

   B. C 语言中变量名不区分大小写

   C. C 程序的三种基本结构是顺序、选择、循环

   D. C 程序从 main()函数开始执行

5. 下列标识符书写正确的是(　　)。

   A. -a1　　B. a[i]　　C. a2_i　　D. int t

6. 下列 4 组字符串中都可以用作 C 语言程序中的标识符的是(　　)。

A. print　_3d　db8　aBc　　B. I\am　one_half　start$it　3pai

C. str_1　Cpp　pow　while　　D. Pxq　My->book　line#　His.age

7. C 语言中的简单数据类型包括(　　)。

A. 整型、实型、逻辑型　　B. 整型、实型、逻辑型、字符型

C. 整型、字符型、逻辑型　　D. 整型、实型、字符型

8. 在 C 语言程序中,表达式 5%2 的结果是(　　)。

A. 2.5　　B. 2　　C. 1　　D. 3

9. 如果 int a=3,b=4;,则条件表达式"a<b? a:b"的值是(　　)。

A. 3　　B. 4　　C. 0　　D. 1

10. C 语言中,关系表达式和逻辑表达式的值是(　　)。

A. 0　　B. 0 或 1　　C. 1　　D. 'T'或'F'

11. 下面值为 4 的表达式是(　　)。

A. 11/3　　B. 11.0/3

C. (float)11/3　　D. (int)(11.0/3+0.5)

12. 设整型变量 a=2,则执行下列语句后,浮点型变量 b 的值不为 0.5 的是(　　)。

A. b=1.0/a　　B. b=(float)(1/a)

C. b=1/(float)a　　D. b=1/(a*1.0)

13. 若有 int n;float f=13.8;,则执行 n=(int)f%3 后,n 的值是(　　)。

A. 1　　B. 4　　C. 4.333333　　D. 4.6

14. 以下对一维数组 a 的声明,正确的是(　　)。

A. char a(10);　　B. int a[];

C. int k=5,a[k];　　D. char a[3]={'a','b','c'};

15. 以下能对一维数组 a 进行初始化的语句是(　　)。

A. int a[5]=(0,1,2,3,4);　　B. int a(5)={};

C. int a[3]={0,1,2};　　D. int a{5}={10*1};

16. 在 C 语言中对一维整型数组的正确定义为(　　)。

A. int a(10);　　B. int n=10,a[n];

C. int n,a[n];　　D. #define N 10
int a[N];

17. 若有 int　a[10];,则对 a 数组元素的正确引用是(　　)。

A. a[10]　　B. a[3.5]　　C. a(5)　　D. a[0]

18. 若有数组说明 int a[12]={1,4,7,10,2,5,8,11,3,6,9,12};,则 i=10;a[a[i]]元素数值是(　　)。

A. 10　　B. 6　　C. 9　　D. 5

19. 若有说明:int a[][3]={{1,2,3},{4,5},{6,7}};,则数组 a 的第一维的大小为(　　)。

A. 2　　B. 3　　C. 4　　D. 无确定值

20. 对二维数组的正确定义是(　　)。

A. int a[ ][ ]={1,2,3,4,5,6};　　B. int a[2][ ]={1,2,3,4,5,6};

C. int a[ ][3]={1,2,3,4,5,6}; D. int a[2,3]={1,2,3,4,5,6};

21. C语言中函数返回值的类型是由(　　)决定的。

A. 函数定义时指定的类型 B. return语句中的表达式类型

C. 调用该函数时的实参的数据类型 D. 形参的数据类型

22. 在函数调用时,以下说法正确的是(　　)。

A. 函数调用后必须带回返回值

B. 实际参数和形式参数可以同名

C. 函数间的数据传递不可以使用全局变量

D. 主调函数和被调函数总是在同一个文件里

23. 在C语言中,表示静态存储类别的关键字是(　　)。

A. auto B. register C. static D. extern

24. 未指定存储类别的变量,其隐含的存储类别为(　　)。

A. auto B. static C. extern D. register

25. 若有以下说明语句:

```
struct student
{  int num;
   char name[20];
   float score;
}stu;
```

则下面的叙述不正确的是(　　)。

A. struct是结构体类型的关键字

B. struct student 是用户定义的结构体类型

C. num, score都是结构体成员名

D. stu是用户定义的结构体类型名

26. 以下对结构变量stu中成员age的非法引用是(　　)。

```
struct student
{  int age;
   int num;
} stu, *p;
p= &stu;
```

A. stu.age B. student.age C. p->age D. (*p).age

27. 设有如下定义:

```
struck sk
{  int a;
   float b;
}data;
int *p;
```

若要使p指向data中的a域,正确的赋值语句是(　　)。

A. p=&a; B. p=data.a; C. p=&data.a; D. *p=data.a;

28. 设有以下说明语句：

```
typedef struct stu
{  int a;
   float b;
} stutype;
```

则下面叙述中错误的是(　　)。

A. struct 是结构类型的关键字　　B. struct stu 是用户定义的结构类型

C. a 和 b 都是结构成员名　　D. stutype 是用户定义的结构体变量名

29. 语句 int ＊p;说明了(　　)。

A. p 是指向一维数组的指针

B. p 是指向函数的指针,该函数返回一 int 型数据

C. p 是指向 int 型数据的指针

D. p 是函数名,该函数返回一指向 int 型数据的指针

30. 下列不正确的定义是(　　)。

A. int ＊p=&i,i;　　B. int ＊p,i;

C. int i,＊p=&i;　　D. int i,＊p;

31. 若有说明：int n=2,＊p=&n,＊q=p,则以下非法的赋值语句是(　　)。

A. p=q　　B. ＊p=＊q　　C. n=＊q　　D. p=n

32. 若有语句：int a[10];,则(　　)是对指针变量 p 的正确定义和初始化。

A. int p=＊a;　　B. int ＊p=a;　　C. int p=&a;　　D. int ＊p=&a;

33. 若有说明语句：int a[5],＊p=a;,则对数组元素的正确引用是(　　)。

A. a[p]　　B. p[a]　　C. ＊(p+2)　　D. p+2

34. 有如下语句：int　a[10]={1,2,3,4,5,6,7,8,9,10},＊p=a;,则数值为 9 的表达式是(　　)。

A. ＊p+9　　B. ＊(p+8)　　C. ＊p +=9　　D. p+8

35. 在 C 语言中,以(　　)作为字符串结束标志。

A. '\n'　　B. ' '　　C. '0'　　D. '\0'

36. 下列数据中属于“字符串常量”的是(　　)。

A. "a"　　B. {ABC}　　C. 'abc\0'　　D. 'a'

37. 已知 char x[]="hello", y[]={'h','e','a','b','e'};,则关于两个数组长度的正确描述是(　　)。

A. 相同　　B. x 大于 y　　C. x 小于 y　　D. 以上答案都不对

38. 下面各函数中能实现打开文件功能的是(　　)。

A. fopen　　B. fgetc　　C. fputc　　D. fclose

39. 下列语句中,把变量 fp 说明为一个文件型指针的是(　　)。

A. FILE　＊fp;　　B. FILE　fp;　　C. file　＊fp;　　D. file　fp;

40. 以读写方式打开一个已有的文本文件 file1,并且与文件型指针 fp 关联,下面 fopen 函数正确的调用方式是(　　)。

A. fp=fopen("file1","r")　　B. fp=fopen("file1","r+")

C. fp=fopen("file1","rb")　　D. fp=fopen("file1","w")

第二部分　程序阅读题

请写出以下程序段的运行结果。

1.

```
#include<stdio.h>
main() {
    int a=1, b=3, c=5;
    if(c==a+b)
        printf("yes\n");
    else
        printf("no\n");
    return 0;
}
```

2.

```
#include<stdio.h>
main() {
    int a=12, b=-34, c=56, min;
    min=a;
    if(min>b)
        min=b;
    if(min>c)
        min=c;
    printf("min=%d\n", min);
    return 0;
}
```

3.

```
#include<stdio.h>
main() {
    int x=2, y=-1, z=5;
    if(x<y)
        if(y<0)
            z=0;
        else
            z=z+1;
    printf("%d\n", z);
    return 0;
}
```

4.

```
#include<stdio.h>
main() {
```

```
    float a, b, c, t;
    a=3;
    b=7;
    c=1;
    if(a>b) {
        t=a;  a=b;  b=t;
    }
    if(a>c) {
        t=a;  a=c;  c=t;
    }
    if(b>c) {
        t=b;  b=c;  c=t;
    }
    printf("%5.2f,%5.2f,%5.2f", a, b, c);
    return 0;
}
```

5.

```
#include<stdio.h>
main() {
    float c=3.0, d=4.0;
    if(c>d)
        c=5.0;
    else if(c==d)
        c=6.0;
    else
        c=7.0;
    printf("%.1f\n", c);
    return 0;
}
```

6.

```
#include<stdio.h>
main() {
    int m;
    scanf("%d", &m);
    if(m>=0) {
        if(m %2==0)
            printf("%d is a positive even\n", m);
        else
            printf("%d is a positive odd\n", m);
    } else {
        if(m %2==0)
            printf("%d is a negative even\n", m);
        else
```

```
            printf("%d is a negative odd\n", m);
    }
    return 0;
}
```

若输入－9,请写出程序的运行结果。

7.

```
#include<stdio.h>
main() {
    int num=0;
    while(num<=2) {
        num++;
        printf("%d-", num);
    }
    return 0;
}
```

8.

```
#include<stdio.h>
main() {
    int sum=10, n=1;
    while(n<3) {
        sum=sum-n;
        n++;
    }
    printf("%d,%d", n, sum);
    return 0;
}
```

9.

```
#include<stdio.h>
main() {
    int num, c;
    scanf("%d", &num);
    do {
        c=num %10;
        printf("%d", c);
    } while((num /=10)>0);
    printf("\n");
    return 0;
}
```

若输入 23,请写出程序的运行结果。

10.

```
#include<stdio.h>
```

```c
main() {
    int s=0, a=5, n;
    scanf("%d", &n);
    do {
        s+=1;
        a=a-2;
    } while(a!=n);
    printf("%d,%d\n", s, a);
    return 0;
}
```

若输入 1,请写出程序的运行结果。

11.

```c
#include<stdio.h>
main() {
    char c;
    c=getchar();
    while(c!='?') {
        putchar(c);
        c=getchar();
    }
    return 0;
}
```

若输入 abcde?fgh＜回车＞,请写出程序的运行结果。

12.

```c
#include<stdio.h>
main() {
    char c;
    while((c=getchar())!='$') {
        if('A'<=c && c<='Z')
            putchar(c);
        else if('a'<=c && c<='z')
            putchar(c-32);
    }
    return 0;
}
```

当输入 ab * AB%cd # CD $ 时,请写出程序的运行结果。

13.

```c
#include<stdio.h>
main() {
    int x, y=0;
    for(x=1; x<=10; x++) {
```

```
        if(y>=10)
            break;
        y=y+x;
    }
    printf("%d,%d", y, x);
    return 0;
}
```

14.

```
#include<stdio.h>
main() {
    char ch;
    ch=getchar();
    switch(ch) {
        case  'A' : printf("%c", 'A');
        case  'B' : printf("%c", 'B'); break;
        default: printf("%s\n", "other");
    }
    return 0;
}
```

当从键盘输入字母 A 时，请写出程序的运行结果。

15.

```
#include<stdio.h>
main() {
    int a=1, b=0;
    scanf("%d", &a);
    switch(a) {
        case 1: b=1;  break;
        case 2: b=2;  break;
        default : b=10;
    }
    printf("%d ", b);
    return 0;
}
```

若键盘输入 5，请写出程序的运行结果。

16.

```
#include<stdio.h>
main() {
    char grade='C';
    switch(grade) {
        case 'A': printf("90-100.");
        case 'B': printf("80-90.");
        case 'C': printf("70-80.");
```

```
        case 'D': printf("60-70.");  break;
        case 'E': printf("<60.");
        default : printf("error!");
    }
    return 0;
}
```

17.

```
#include<stdio.h>
main() {
    int y=9;
    for(; y>0; y--)
        if(y%3==0) {
            printf("%d", --y);
            continue;
        }
    return 0;
}
```

18.

```
#include<stdio.h>
main() {
    int i, sum=0;
    i=1;
    do {
        sum=sum+i;
        i++;
    } while(i<=10);
    printf("%d", sum);
    return 0;
}
```

19.

```
#include<stdio.h>
#define  N  4
main() {
    int i, x1=1, x2=2;
    printf("\n");
    for(i=1; i<=N; i++) {
        printf("%d %d", x1, x2);
        if(i%2==0)
            printf("*");
        x1=x1+x2;
        x2=x2+x1;
    }
```

```
    return 0;
}
```

20.

```
#include<stdio.h>
main() {
    int x, y;
    for(x=30, y=0; x>=10, y<10; x--, y++)
        x/=2, y+=2;
    printf("x=%d,y=%d\n", x, y);
    return 0;
}
```

21.

```
#include<stdio.h>
#define  N  4
main() {
    int i, j;
    for(i=1; i<=N; i++) {
        for(j=1; j<i; j++)
            printf(" ");
        printf("*");
    }
    return 0;
}
```

22.

```
#include<stdio.h>
main() {
    int i, a[10];
    for(i=9; i>=0; i--)
        a[i]=10-i;
    printf("%d%d%d", a[2], a[5], a[8]);
    return 0;
}
```

23.

```
#include<stdio.h>
main() {
    int i, a[6];
    for(i=0; i<6; i++)
        a[i]=i;
    for(i=5; i>=0; i--)
        printf("%d ", a[i]);
    return 0;
}
```

24.

```
#include<stdio.h>
main() {
    int i, k, a[10], p[3];
    k=5;
    for(i=0; i<10; i++)
        a[i]=i;
    for(i=0; i<3; i++)
        p[i]=a[i * (i+1)];
    for(i=0; i<3; i++)
        k+=p[i] * 2;
    printf("%d\n", k);
    return 0;
}
```

25.

```
#include<stdio.h>
int m[3][3]={{1}, {2}, {3}};
int n[3][3]={1, 2, 3};
main() {
    printf("%d,", m[1][0]+n[0][0]);
    printf("%d\n", m[0][1]+n[1][0]);
    return 0;
}
```

26.

```
#include<stdio.h>
main() {
    int i;
    int x[3][3]={1, 2, 3, 4, 5, 6, 7, 8, 9};
    for(i=1; i<3; i++)
        printf("%d  ", x[i][3-i]);
    return 0;
}
```

27.

```
#include<stdio.h>
main() {
    int n[3][3], i, j;
    for(i=0; i<3; i++) {
        for(j=0; j<3; j++) {
            n[i][j]=i+j;
            printf("%d ", n[i][j]);
        }
```

```
        printf("-");
    }
    return 0;
}
```

28.

```
#include<stdio.h>
main() {
    char diamond[][5]={{'_', '_', '*'}, {'_','*','_','*'},
                       {'*', '_', '_', '_', '*'}, {'_', '*', '_', '*'},
                       {'_', '_', '*'}};
    int i, j;
    for(i=0; i<5; i++) {
        for(j=0; j<5; j++)
            printf("%c", diamond[i][j]);
        printf("\n");
    }
    return 0;
}
```

注："_"代表一个空格。

29.

```
#include<stdio.h>
main() {
    int i, f[10];
    f[0]=f[1]=1;
    for(i=2; i<10; i++)
        f[i]=f[i-2]+f[i-1];
    for(i=0; i<10; i++) {
        printf("%d  ", f[i]);
        if(i%4==3)
            printf("\n");
    }
    return 0;
}
```

30.

```
#include<stdio.h>
void func(int b[]) {
    int j;
    for(j=0; j<4; j++)
        b[j]=j;
    }
    return;
}
```

```
main() {
    int a[4], i;
    func(a);
    for(i=0; i<4; i++)
        printf("%2d",a[i]);
    return 0;
}
```

31.

```
#include<stdio.h>
float fun(float x[]);
main() {
    float ave, a[3]={4.5, 2, 4};
    ave=fun(a);
    printf("ave=%7.2f", ave);
    return 0;
}
float fun(float x[]) {
    int j;
    float aver=1;
    for(j=0; j<3; j++)
        aver=x[j] * aver;
    return aver;
}
```

32.

```
#include<stdio.h>
main() {
    int a[2][3]={{1, 2, 3}, {4, 5, 6}};
    int b[3][2], i, j;
    for(i=0; i<=1; i++) {
        for(j=0; j<=2; j++)
            b[j][i]=a[i][j];
    }
    for(i=0; i<=2; i++) {
        for(j=0; j<=1; j++)
            printf("%3d", b[i][j]);
    }
    return 0;
}
```

33.

```
#include<stdio.h>
int f(int b[], int n) {
```

```
    int i, r=1;
    for(i=0; i<=n; i++)
        r=r*b[i];
    return r;
}
main() {
    int x, a[]={1, 2, 3, 4, 5, 6, 7, 8, 9};
    x=f(a, 3);
    printf("%d\n", x);
    return 0;
}
```

34.

```
#include<stdio.h>
main() {
    int j, k;
    static int x[4][4], y[4][4];
    for(j=0; j<4; j++)
        for(k=j; k<4; k++)
            x[j][k]=j+k;
    for(j=0; j<4; j++)
        for(k=j; k<4; k++)
            y[k][j]=x[j][k];
    for(j=0; j<4; j++)
        for(k=0; k<4; k++)
            printf("%d", y[j][k]);
    return 0;
}
```

35.

```
#include<stdio.h>
int Sub(int a, int b) {
    return a-b;
}
main() {
    int x, y, result=0;
    scanf("%d,%d", &x, &y);
    result=Sub(x, y);
    printf("result=%d\n", result);
    return 0;
}
```

当从键盘输入 6,3 时,请写出程序运行的结果。

36.

```
#include<stdio.h>
```

```
int min(int x, int y) {
    int m;
    if(x>y)  m=x;
    else  m=y;
    return m;
}
main() {
    int a=3, b=5, abmin;
    abmin=min(a, b);
    printf("min is  %d", abmin);
    return 0;
}
```

37.

```
#include<stdio.h>
void func(int x) {
    x=10;
    printf("%d, ", x);
    return;
}
main() {
    int x=20;
    func(x);
    printf("%d", x);
    return 0;
}
```

38.

```
#include<stdio.h>
int m=4;
int func(int x,int y) {
    int m=1;
    return x * y-m;
}
main() {
    int a=2, b=3;
    printf("%d,", m);
    printf("%d", func(a, b)/m);
    return 0;
}
```

39.

```
#include<stdio.h>
int fac(int n) {
    int f=1, i;
```

```
    for(i=1; i<=n; i++)
        f=f*i;
    return f;
}
main() {
    int j, s;
    scanf("%d", &j);
    s=fac(j);
    printf("%d!=%d\n", j, s);
    return 0;
}
```

如果从键盘输入 3,请写出程序运行的结果。

40.

```
#include<stdio.h>
unsigned fun(unsigned num) {
    unsigned k=1;
    do {
        k *=num %10;
        num/=10;
    } while(num);
    return k;
}
main() {
    unsigned n=26;
    printf("%d\n", fun(n));
    return 0;
}
```

41.

```
#include<stdio.h>
main() {
    int x[]={10, 20, 30, 40, 50};
    int  *p;
    p=x;
    printf("%d", *(p+2));
    return 0;
}
```

42.

```
#include<stdio.h>
main() {
    char s[]="abcdefg";
    char *p;
    p=s;
```

```
    printf("ch=%c\n", * (p+5));
    return 0;
}
```

43.

```
#include<stdio.h>
main() {
    int a[]={1, 2, 3, 4, 5};
    int x, y, * p;
    p=a;
    x= * (p+2);
    printf("%d: %d \n", * p, x);
    return 0;
}
```

44.

```
#include<stdio.h>
main() {
    int arr[]={30, 25, 20, 15, 10, 5},  * p=arr;
    p++;
    printf("%d\n", * (p+3));
    return 0;
}
```

45.

```
#include<stdio.h>
main() {
    int a[]={1, 2, 3, 4, 5, 6};
    int x, y, * p;
    p=&a[0];
    x= * (p+2);
    y= * (p+4);
    printf(" * p=%d, x=%d, y=%d\n", * p, x, y);
    return 0;
}
```

46.

```
#include<stdio.h>
main() {
    static char a[]="Program", * ptr;
    for(ptr=a; ptr<a+7; ptr+=2)
        putchar( * ptr);
    return 0;
}
```

47.

```
#include<stdio.h>
struct st {
    int x;
    int y;
} a[2]={5, 7, 2, 9};
main() {
    printf("%d\n", a[0].y*a [1].x);
    return 0;
}
```

48.

```
#include<stdio.h>
char s[]="ABCD";
main() {
    char *p;
    for(p=s; p<s+4; p++)
        printf("%c %s\n", *p, p);
    return 0;
}
```

49.

```
#include<stdio.h>
main() {
    struct stu {
        int num;
        char a[5];
        float score;
    } m={1234, "wang", 89.5};
    printf("%d,%s,%.1f", m.num, m.a, m.score);
    return 0;
}
```

50.

```
#include<stdio.h>
struct cmplx {
    int x;
    int y;
} cnum[2]={1, 3, 2, 7};
main() {
    printf("%d\n", cnum[0].y*cnum[1].x);
    return 0;
}
```

51.

```
#include<stdio.h>
struct abc {
    int a, b, c;
};
main() {
    struct abc s[2]={{1, 2, 3}, {4, 5, 6}};
    int t;
    t=s[0].a+s[1].b;
    printf("%d \n", t);
    return 0;
}
```

第三部分　程序填空题

请根据给出的功能描述，在程序中的空白处填入恰当的内容。

1. 输入一个字符，判断该字符是数字、字母、空格还是其他字符。

```
#include<stdio.h>
main() {
    char ch;
    ch=getchar();
    if(____________________________)
        printf("It is an English character\n");
    else if(____________________)
        printf("It is a digit character\n");
    else if(____________)
        printf("It is a space character\n");
    ____________
        printf("It is other character\n");
    return 0;
}
```

2. 下列程序的功能是从输入的整数中，统计大于零的整数个数和小于零的整数个数。用输入 0 来结束输入，用 i，j 来存放统计数，请填空完成程序。

```
#include<stdio.h>
main() {
    ______n, i=0, j=0;
    printf("input a integer,0 for end\n");
    scanf("%d", &n);
    while(__________) {
        if(n>0)
            i=________;
        else
            j=j+1;
```

```
    }
    printf("i=%4d, j=%4d\n", i, j);
    return 0;
}
```

3. 编程计算 1＋3＋5＋…＋101 的值。

```
#include<stdio.h>
main() {
    int i, sum=0;
    for(i=1;__________;__________)
        sum=sum+i;
    printf("sum=%d\n", sum);
    return 0;
    }
```

4. 编程计算 1＋3＋5＋…＋99 的值。

```
#include<stdio.h>
main() {
    int i=1, sum=0;
    while(_________) {
        sum=sum+i;
        ________;
    }
    printf("sum=%d\n", sum);
    return 0;
}
```

5. 从键盘输入一个字符,判断它是否是英文字母。

```
#include<stdio.h>
main() {
    char c;
    printf("input a character:");
    c=getchar();
    if(c>=____&&c<=____ || c>='a' &&c<='z')
        printf("Yes\n");
    else
        printf("No");
    return 0;
}
```

6. 下面程序的功能是在 a 数组中查找与 x 值相同的元素所在位置。

```
#include<stdio.h>
main() {
    int a[10], i, x;
    printf("input 10 integers: ");
```

```
    for(i=0; i<10; i++)
        scanf("%d",&a[i]);
    printf("input the number you want to find x: ");
    scanf("%d",_____);
    for(i=0; i<10; i++)
        if(_________)  break;
    if(_____)
        printf("the pos of x is: %d\n", i);
    else
        printf("can not find x! \n");
    return 0;
}
```

7. 程序读入 20 个整数,统计非负数个数,并计算非负数之和。

```
#include<stdio.h>
main() {
    int i, a[20], s, count;
    s=count=0;
    for(i=0;_________; i++)
        scanf("%d", &a[i]);
    for(i=0; i<20; i++) {
        if(a[i]<0)  continue;
        _________ ;
        count++;
    }
    printf("s=%d\t  count=%d\n", s, count);
    return 0;
}
```

8. 输入一个正整数 n(1<n≤10),再输入 n 个整数,用选择法将它们从小到大排序后输出。

```
#include<stdio.h>
main() {
    int i, index, k, n, temp;
    ________________                /* 定义 1 个数组 a,它有 10 个整型元素 */
    printf("Enter n:");
    scanf("%d", &n);
    printf("Enter %d integers: ", n);
    for(i=0; i<n; i++)
        scanf("%d", &a[i]);
    for(k=0; k<n-1; k++) {  /* 对 n 个数排序 */
        index=k;
        for(__________________________)
            if(_______________)  index=i;
        if(k!=index) {
```

```
            temp=a[k];  a[k]=a[index];  a[index]=temp;
        }
    }
    printf("After sorted: ");
    for(i=0; i<n; i++)        /* 输出 n 个数组元素的值 */
    ________________;
    return 0;
}
```

第四部分　程序改错题

下面每个程序的划线处有语法或逻辑错误，请找出并改正，使其得到符合题意的执行结果。

1. 求 1×2×3×4×…×n。

```
#include<stdio.h>
main() {
    long int sum;
    int n, i=1;
    scanf("%d", n);
    printf("\n");
    while(i<n) {
        sum=sum*i;
        i++;
    }
    printf("sum=%d", sum);
    return 0;
}
```

2. 求一个数组中的最大值及其下标。

```
#include<stdio.h>
main() {
    int max, j, m;
    int a[5];
    for(j=1;j<=5;j++)
        scanf("%d", a);
    max=a[0]; m=0;
    for(j=1; j<=5; j++)
        if(max>a[j]) {
            max=a[j];
            m=j;
        }
    printf("下标: %d\n 最大值:%d", j, max);
    return 0;
}
```

3. 用一个函数求两个数之和。

```
#include<stdio.h>
sum(x, y) {
    float z;
    z=x+y;
    return;
}
main() {
    float a, b;
    int c;
    scanf("%f,%f", &a, &b);
    c=sum(a, b);
    printf("\nSum is %f", sum);
    return 0;
}
```

4. 程序读入 20 个整数，统计非负数个数，并计算非负数之和。

```
#include<stdio.h>
main() {
    int i, s, count,n=20;
    int a[n];
    s=count=1;
    for(i=1, i<20, i--)
        scanf("%d", a[i]);
    for(i=0; i<20; i++) {
        if(a[i]<0)
            break;
        s+=a[i];
        count++;
    }
    printf("s=%f  count=%f\n", s, count);
    return 0;
}
```

5. 从键盘输入整数 x 的值，并输出 y 的值。

```
#include<stdio.h>
main() {
    float x, y;
    scanf("%d", &x);
    y=3.5+x;
    printf("y=%d");
    return 0;
}
```

6. 编程计算下面的分段函数，输入 x，输出 y。

$$y=\begin{cases}x-1 & x<0\\ 2x-1 & 0\leqslant x\leqslant 10\\ 3x-11 & x>10\end{cases}$$

```
#include<stdio.h>
main() {
    int x, y;
    printf("\n Input x:\n");
    scanf("%d", x);
    if(x<0)
        y=x-1;
    else if(x>=0 || x<=10)
        y=2x-1;
    else
        y=3x-1;
    printf("y=%d", &y);
    return 0;
}
```

7. 求 100～300 间能被 3 整除的数的和。

```
#include<stdio.h>
main() {
    int n;
    long sum;
    for(n=100, n<=300, n++) {
        if(n%3=0)
            sum=sum * n;
    }
    printf("%ld ",sum);
    return 0;
}
```

8. 求表达式 $c=\sqrt{ab}$的值。

```
#include<stdio.h>
#include<math.h>
double fun(int x, int y);
main() {
    int a,b;
    double f;
    scanf("%d,%d", a, b);
    if(ab>0) {
        fun(a, b);
        printf("The result is:%d\n", &f);
    } else
```

```
        printf("error!");
    return 0;
}
fun(x, y) {
    double result;
    result=sqrt(a+b);
    return;
}
```

9. 通过函数调用,求两个数之差。

```
#include<stdio.h>
sub(x, y) {
    float z;
    z=x-y;
    return;
}
main() {
    float a, b;
    int c;
    scanf("%f,%f", &a, &b);
    sub(a, b);
    printf("\nSub is %f", sub);
    return 0;
}
```

第五部分　编程题

1. 输入两个整数,求两数的平方和并输出。

2. 输入一个圆半径 r,如果 r 是一个非负数,则计算并输出圆的面积和周长,否则输出提示信息。

3. 已知函数 y=f(x),编程实现输入一个 x 值,输出 y 值。

$$y=\begin{cases}2x+1 & (x<0)\\0 & (x=0)\\2x-1 & (x>0)\end{cases}$$

4. 从键盘上输入一个百分制成绩 score,按下列原则输出其等级: score≥90,等级为 A;80≤score<90,等级为 B;70≤score<80,等级为 C;60≤score<70,等级为 D;score<60,等级为 E。

5. 编写程序根据每个月上网时间计算上网费用,计算方法如下:

$$费用=\begin{cases}30\text{ 元} & \leqslant 10\text{ 小时}\\\text{每小时 }3\text{ 元} & 10\sim15\text{ 小时}\\\text{每小时 }2.5\text{ 元} & \geqslant 50\text{ 小时}\end{cases}$$

要求当输入每月上网小时数后,显示该月总的上网费用。

6. 从键盘输入 10 个整数,统计其中正数、负数和零的个数,并在屏幕上输出。

7. 编程序实现求 1～10 之间的所有整数的乘积并输出。

8. 从键盘上输入 10 个数，求其平均值。

9. 编程序实现求 1～1000 之间的所有奇数的和并输出。

10. 有一个分数序列：2/1，3/2，5/3，8/5，13/8，…编程求这个序列的前 20 项之和。

11. 从键盘输入两个数，求出其最大值（要求使用函数完成求最大值，并在主函数中调用该函数）。

12. 编写程序，其中自定义一函数，用来判断一个整数是否为素数，主函数输入一个数，输出是否为素数。

13. 从键盘输入 n 个数存放在数组中，将最小值与第一个数交换，输出交换后的 n 个数。

14. 用数组实现以下功能：输入 5 个学生成绩，而后求出这些成绩的平均值并显示出来。

15. 输入一个正整数 n(n≤6)，再输入 n×n 的矩阵，求其主对角线元素之和及副对角线元素之和并输出。

16. 从键盘输入 30 名学生的成绩数据，求其中的最高分、最低分和平均分。（提示：用数组存放成绩数据。）

17. 将一个有 5 个元素的数组中的值（整数）按逆序重新存放。例如，原来顺序为 8、6、5、4、1，要求改为 1、4、5、6、8。

18. 从键盘上输入一个 2×3 的矩阵，将其转置后形成 3×2 的矩阵输出。

19. 从键盘输入 10 名学生的成绩数据，按成绩从高到低的顺序排列并输出。（提示：用数组存放成绩数据。）

20. 从键盘上输入一个 4×3 的整型数组，找出数组中的最小值及其在数组中的下标。

参考答案或提示

第一部分　单项选择题

1. A　2. C　3. C　4. B　5. C　6. A　7. D　8. C　9. A　10. B
11. D　12. B　13. A　14. D　15. C　16. D　17. D　18. B　19. B　20. C
21. A　22. B　23. C　24. A　25. D　26. B　27. C　28. D　29. C　30. A
31. D　32. B　33. C　34. B　35. D　36. A　37. B　38. A　39. A　40. B

第二部分　程序阅读题

1. no　　2. min=－34　　3. 5
4. 1.00,3.00,7.00　　5. 7.0　　6. －9 is a negative odd
7. 1-2-3-　　8. 3,7　　9. 32
10. 2,1　　11. abcde　　12. ABABCDCD
13. 10,5　　14. AB　　15. 10
16. 70-80.60-70.　　17. 852　　18. 55
19. 1 23 5 * 8 13 21 34 *　　20. x=0,y=12　　21. ** * *
22. 852　　23. 5 4 3 2 1 0　　24. 21
25. 3,0　　26. 6 8　　27. 0 1 2-1 2 3-2 3 4-

28.
```
    *
  *   *
*       *
  *   *
    *
```

29. 1　1　2　3
　　5　8　13　21
　　34　55

30. 0 1 2 3

31. ave=　36.00

32. 1　4　2　5　3　6

33. 24

34. 0000120023403456

35. result=3

36. min is 5

37. 10,20

38. 4,1

39. 3!=6

40. 12

41. 30

42. ch=f

43. 1：3

44. 10

45. *p=1,x=3,y=5

46. Porm

47. 14

48. A　ABCD
　　B　BCD
　　C　CD
　　D　D

49. 1234,wang,89.5

50. 6

51. 6

第三部分　程序填空题

1.
```
ch>='a' && ch<='z' || ch>='A' && ch<='Z'
ch>='0' && ch<='9'
ch==  ' '
else
```

2.
```
int
n 或写成 n!=0
i+1
```

3.
```
i<=101
i+=2
```

4.
```
i<100 或写成 i<=99
i+=2
```

5.
```
'A'
'Z'
```

6.
```
&x
x==a[i]
i<10
```

7.
```
i<20
s+=a[i]
```

8.
```
int a[10];
i=k+1; i<n; i++
a[index]<a[i]
printf("%d ", a[i]);
```

第四部分　程序改错题

1.
```
sum 应初始化 即加入 sum=1
scanf("%d", &n);
```

```
while(i<=n)
printf("sum=%ld", sum);
```

2.
```
for(j=0; j<5; j++)
scanf("%d",&a[j]);
for(j=1; j<5; j++)
if(max<a[j])
printf("下标: %d\n 最大值:%d", m, max);
```

3.
```
float sum(float x, float y);
return z;
float c;
printf("\nSum is %f", c);
```

4.
```
int a[20]
s=count=0;
for(i=0; i<20; i++)
scanf("%d", &a[i]);
continue;
printf("s=%d  count=%d\n", s, count);
```

5.
```
int x; float y;
printf("y=%f", y);
```

6.
```
scanf("%d", &x);
else if(x<=10)
y=2 * x-1;
y=3 * x-1;
printf("y=%d", y);
```

7.
```
long sum=0L;
if(n%3==0)
sum=sum+n;
```

8.
```
scanf("%d,%d", &a, &b);
if(a * b>0){
f=fun(a, b);
printf("The result is:%lf\n", f);
double fun(int x, int y) {
result=sqrt(a * b);
return result;
```

9.
```
float sub(float x, float y) {
return z;
float c;
c=sub(a, b);
printf("\nSub is %f", c);
```

第五部分　编程题

1. 输入两个整数,求两数的平方和并输出。

```c
#include<stdio.h>
main() {
    int a, b, s;
    printf("please input a,b:\n");
    scanf("%d%d", &a, &b);
    s=a * a+b * b;
    printf("the result  is %d\n", s);
    return 0;
}
```

2. 输入一个圆半径 r,如果 r 是一个非负数,则计算并输出圆的面积和周长,否则输出提示信息。

```c
#include<stdio.h>
#define  PI  3.14
main() {
    float r, s, l;
    printf("please input r:\n");
    scanf("%f", &r);
    if(r>=0) {
        s=PI * r * r;
        l=2 * PI * r;
        printf("The area is %f\n", s);
        printf("The circumference is %f\n", l);
    }
    else
        printf("input error!\n");
    return 0;
}
```

3. 已知函数 y=f(x),编程实现输入一个 x 值,输出 y 值。

$$y=\begin{cases} 2x+1 & (x<0) \\ 0 & (x=0) \\ 2x-1 & (x>0) \end{cases}$$

```c
#include<stdio.h>
main() {
    int x, y;
    scanf("%d", &x);
    if(x<0) y=2 * x+1;
    else if(x>0) y=2 * x-1;
    else y=0;
    printf("%d", y);
    return 0;
}
```

4. 从键盘上输入一个百分制成绩 score，按下列原则输出其等级：score≥90，等级为A；80≤score<90，等级为 B；70≤score<80，等级为 C；60≤score<70，等级为 D；score<60，等级为 E。

```
#include<stdio.h>
main(){
    int data;
    char grade;
    printf("Please enter the score:");
    scanf("%d", &data);
    switch(data/10){
        case 10:
        case 9:  grade='A';  break;
        case 8:  grade='B';  break;
        case 7:  grade='C';  break;
        case 6:  grade='D';  break;
        default:  grade='E';
    }
    printf("the grade is %c",grade);
    return 0;
}
```

5. 编写程序根据每个月上网时间计算上网费用，计算方法如下：

$$费用=\begin{cases}30\text{ 元} & \leqslant 10\text{ 小时}\\ \text{每小时 }3\text{ 元} & 10\sim 50\text{ 小时}\\ \text{每小时 }2.5\text{ 元} & \geqslant 50\text{ 小时}\end{cases}$$

要求当输入每月上网小时数后，显示该月总的上网费用。

```
#include<stdio.h>
main() {
    int hour;
    float fee;
    printf("please input hour:\n");
    scanf("%d", &hour);
    if(hour<=10)  fee=30;
    else if(hour<50)  fee=3*hour;
    else  fee=hour*2.5;
    printf("The total fee is %f", fee);
    return 0;
}
```

6. 从键盘输入 10 个整数，统计其中正数、负数和零的个数，并在屏幕上输出。

```
#include<stdio.h>
main() {
    int a, i, p=0, n=0, z=0;
```

```
    printf("please input number");
    for(i=0; i<10; i++) {
        scanf("%d,", &a);
        if(a>0)  p++;
        else if(a<0)  n++;
        else z++;
    }
    printf("正数: %5d, 负数: %5d,零: %5d\n", p, n, z);
    return 0;
}
```

7. 编程序实现求 1～10 之间的所有整数的乘积并输出。

```
#include<stdio.h>
main() {
    int i;
    long sum=1L;
    for(i=2; i<=10; i++)
        sum *=i;
    printf("the sum is :%ld", sum);
    return 0;
}
```

8. 从键盘上输入 10 个数,求其平均值。

```
#include<stdio.h>
main() {
    int a, i, sum=0;
    float ave;
    for(i=0; i<10; i++) {
        scanf("%d", &a);
        sum+=a;
    }
    ave=(float) sum/10;
    printf("ave=%f\n", ave);
    return 0;
}
```

9. 编程序实现求 1～1000 之间的所有奇数的和并输出。

```
#include<stdio.h>
main() {
    int i, sum=0;
    for(i=1; i<1000; i+=2)
        sum+=i;
    printf("the sum of odd is :%d", sum);
    return 0;
}
```

10. 有一个分数序列：2/1,3/2,5/3,8/5,13/8,…编程求这个序列的前 20 项之和。

```
#include<stdio.h>
main() {
    int i, t, n=20;
    float a=2, b=1, s=0;
    for(i=1; i<=n; i++) {
        s+=a/b;
        t=a;
        a=a+b;
        b=t;
    }
    printf("sum=%6.2f", s);
    return 0;
}
```

11. 从键盘输入两个数，求出其最大值（要求使用函数完成求最大值，并在主函数中调用该函数）。

```
#include<stdio.h>
float max(float x,float y);
main() {
    float a, b, m;
    scanf("%f%f", &a, &b);
    m=max(a, b);
    printf("Max is %f\n", m);
    return 0;
}
float max(float x, float y) {
    if(x>=y)  return x;
    return y;
}
```

12. 编写程序，其中自定义一函数，用来判断一个整数是否为素数，主函数输入一个数，输出是否为素数。

```
#include<math.h>
#include<stdio.h>
int IsPrimeNumber(int number) {
    int i;
    if(number<=1)  return 0;
    for(i=2; i<sqrt(number); i++) {
        if((number %i)==0)  return 0;
    }
    return 1;
}
```

```
main() {
    int n;
    printf("Please input n:");
    scanf("%d", &n);
    if(IsPrimeNumber(n))  printf("\n%d is a Prime Number",n);
    else  printf("\n%d is not a Prime Number",n);
    return 0;
}
```

13. 从键盘输入 n 个数存放在数组中,将最小值与第一个数交换,输出交换后的 n 个数。

```
#include<stdio.h>
main() {
    int i, n, iIndex, temp;
    int a[10];
    printf("Enter n: ");
    scanf("%d", &n);
    printf("Enter %d integers:\n ", n);
    for(i=0; i<n; i++)
        scanf("%d", &a[i]);
    iIndex=0;
    for(i=1; i<10; i++) {
        if(a[i]<a[iIndex])  iIndex=i;
    }
    if(iIndex!=0) {
        temp=a[0];  a[0]=a[iIndex];  a[iIndex]=temp;
    }
    for(i=0; i<n; i++)
        printf("%5d", a[i]);
    printf("\n");
    return 0;
}
```

14. 用数组实现以下功能:输入 5 个学生成绩,而后求出这些成绩的平均值并显示出来。

```
#include<stdio.h>
main() {
    int i, a[5], s=0;
    for(i=0; i<5; i++)
        scanf("%d", &a[i]);
    for(i=0;i<5;i++)
        s+=a[i];
    printf("result=%f", s/5.0);
    return 0;
```

```
}
```

15. 输入一个正整数 n(n≤6),再输入 n×n 的矩阵,求其主对角线元素之和及副对角线元素之和并输出。

```
#include<stdio.h>
main()  {
    int i, j, n, sum1=0, sum2=0;
    int a[6][6];
    printf("Enter n(n<=6):");
    scanf("%d", &n);
    printf("Enter data:\n");
    for(i=0; i<n; i++)
        for(j=0; j<n; j++) {
            scanf("%d", &a[i][j]);
            if(i==j)
                sum1+=a[i][j];
            if(i+j==n-1)
                sum2+=a[i][j];
        }
    printf("sum1=%d,sum2=%d", sum1, sum2);
    return 0;
}
```

16. 从键盘输入 30 名学生的成绩数据,求其中的最高分、最低分和平均分。(提示:用数组存放成绩数据。)

```
#include<stdio.h>
#define  M  30
main() {
    float score[M], max, min, aver;
    int i;
    printf("please input score: \n");
    for(i=0; i<M; i++)
        scanf("%f", &score[i]);
    max=score[0];
    min=score[0];
    aver=score[0];
    for(i=1; i<M; i++) {
        if(max<score[i])  max=score[i];
        if(min>score[i])  min=score[i];
        aver+=score[i];
    }
    printf("max=%f, min=%f,aver=%f", max, min, aver/M);
    return 0;
```

```
}
```

17. 将一个有 5 个元素的数组中的值(整数)按逆序重新存放。例如,原来顺序为 8、6、5、4、1,要求改为 1、4、5、6、8。

```
#include<stdio.h>
#define  N  5
main() {
    int a[N], i, temp;
    printf("enter array a:\n");
    for(i=0; i<N; i++)
        scanf("%d", &a[i]);
    for(i=0; i<N/2; i++) {
        temp=a[i];
        a[i]=a[N-i-1];
        a[N-i-1]=temp;
    }
    printf("\n Now, array a:\n");
    for(i=0; i<N; i++)
        printf("%4d", a[i]);
    printf("\n");
    return 0;
}
```

18. 从键盘上输入一个 2×3 的矩阵,将其转置后形成 3×2 的矩阵输出。

```
#include<stdio.h>
main() {
    int a[2][3], b[3][2], i, j;
    for(i=0; i<2; i++)
        for(j=0; j<3; j++)
            scanf("%d", &a[i][j]);
    for(i=0; i<3; i++)
        for(j=0; j<2; j++)
            b[i][j]=a[j][i];
    for(i=0; i<3; i++) {
        for(j=0; j<2; j++)
            printf("%5d", b[i][j]);
        printf("\n");
    }
    return 0;
}
```

19. 从键盘输入 10 名学生的成绩数据,按成绩从高到低的顺序排列并输出。(提示:用数组存放成绩数据。)

```
#include<stdio.h>
main() {
    int a[10];
    int i,j,temp;
    printf("input score:\n");
    for(i=0; i<10; i++)
        scanf("%d", &a[i]);
    printf("\n");
    for(i=0; i<9; i++)
        for(j=0; j<9-i; j++)
            if(a[j]<a[j+1]) {
                temp=a[j];
                a[j]=a[j+1];
                a[j+1]=temp;
            }
    for(i=0; i<10; i++)
        printf("%d,", a[i]);
    return 0;
}
```

20. 从键盘上输入一个 4×3 的整型数组，找出数组中的最小值及其在数组中的下标。

```
#include<stdio.h>
main() {
    int a[4][3], i, j, min, m, n;
    printf("Please enter data:");
    for(i=0; i<4; i++)
        for(j=0; j<3; j++)
            scanf("%d", &a[i][j]);
    min=a[0][0];
    m=0;  n=0;
    for(i=0; i<4; i++)
        for(j=0; j<3; j++)
            if(a[i][j]<min) {
                min=a[i][j];
                m=i;
                n=j;
            }
    printf("the min is %d\n", min);
    printf("position is %d  %d \n", m, n);
    return 0;
}
```

附录E 期末考试全真模拟试题及参考答案

《C语言程序设计》试卷

试卷审核人：________ 考试时间：____年__月__日

注意事项：1. 本试卷适用信息类专业本、专科学生使用。

2. 本试卷满分100分。答题时间1小时30分钟。

班级：________ 姓名：________ 学号：

题号	一	二	三	总分
评分				

答题区

一、(3分×15=45分，A～D选项中选择一个正确答案记入下表)

1	2	3	4	5	6	7	8	9	10	11	12	13	14	15

二、(3分×10=30分，记入T(正确)或F(错误))

1	2	3	4	5	6	7	8	9	10

三、(5分×5=25分，注意输出格式)

1. ________________
2. ________________
3. ________________
4. ________________
5. ________________

得分	评卷人

一、单项选择题(3分 × 15=45分。答案写到首页的答题区。)

1. 下面程序的输出结果是(　　)。

```
#include<stdio.h>
main(){
    int x=10,y=3;
```

```
    printf("%d\n",y=x/y);
    return 0;
}
```

A. 0　　B. 1　　C. 3　　D. 3.33

2. 为表示关系 x≥y≥z,应使用 C 语言表达式(　　)。

A. (x>=y) && (y>=z)　　B. (x>=y)AND(y>=z)

C. (x>=y>=z)　　D. (x>=y) & (y>=z)

3. 构成 C 程序的基本单位是(　　)。

A. 函数　　B. 文件　　C. 循环语句　　D. 指针

4. 源程序要正确地运行,必须要有(　　)函数。

A. printf　　B. 自定义　　C. main　　D. 不需要

5. 这段程序中的变量是(　　)。

```
#include<stdio.h>
#define  PI  3.14
void main()
{  int sum;
   sum=10+15;
   printf("sum=%d\n",sum);
   printf("result is 25\n");
}
```

A. 10　　B. sum　　C. 15　　D. PI

6. 阅读下列程序后回答:当 recall(4)时,此子函数的输出结果是(　　)。

```
void recall(int d){
    if(d>0){recall(d-1);}
    printf("%d ", d);
}
```

A. 0　　B. 4　　C. 4 3 2 1 0　　D. 0 1 2 3 4

7. 设有定义:int a, * pa=&a;,以下语句中能正确为 a 读入数据的是(　　)。

A. scanf("%d",pa);　　B. scanf("%d",a);

C. scanf("%d",&pa);　　D. scanf("%d", * pa);

8. 函数 strcmp("abc","x")的返回值是(　　)。

A. 小于 0　　B. 等于 0　　C. 大于 0　　D. 不确定

9. 该源程序执行后,输出结果是(　　)。

```
#include<stdio.h>
void main(){
    int a=4;
    float b=9.5;
    printf("a=%d,b=%4.2f\n",a,b);
}
```

A. a=%d,b=%f\n

B. a=%d,b=%f

C. a=4,b=9.50

D. a=4,b=9.5

10. for(x=0,y=0;(y!=123)&&(x<4);x++);这个循环是(　　)。

A. 无限循环　　B. 循环次数不定　　C. 执行4次　　D. 执行3次

11. 下列函数定义中正确的是(　　)。

A. float cal(float x,float y)
{　return(x * y);}

B. float cal(float x,y)
{　return(x * y);}

C. int cal(x,y)
{　float x,y;
return(x * y);}

D. int cal(x,y)
float x,y;
{　return(x * y);}

12. 下列 for 语句中,循环无法结束的是(　　)。

A. for(i=1; i<=5; i++)

B. for(i=1; i<5; i--)

C. for(i=5; i>0;){i--;}

D. for(i=1, i>=5, i--)

13. 以下程序的输出结果是(　　)。

```
#include<stdio.h>
void main()
{   int num=0;
    while(num<=2)
    {   num++;
        printf("%2d\n",num);
    }
}
```

A. 1　　B. 1 2　　C. 1 2 3　　D. 1 2 3 4

14. 设有说明语句：int a[5]={1,3,5,7,9};,则 a[3]的值是(　　)。

A. 1　　B. 31　　C. 5　　D. 7

15. 下面哪个能正确地引用结构体变量成员？(　　)

```
struct student
{  int num;
   char name;
} stu, * p;
p=&stu;
```

A. stu->.num　　B. * stu.num　　C. student.num　　D. p->num

得分	评卷人

二、判断正误(3分×10=30分。答案写到首页的答题区。表述正确写T,错误写F。)

1. C语言是高级语言,不可以对计算机硬件进行操作。

2. # define YEAR 18;

上述语句书写有误。

3. 逻辑运算符“&&”、“‖”、“!”的运算优先顺序依次是“!”、“&&”、“‖”。

4. 函数名的命名同变量名，通常是以字母、数字或下划线组合而成，特殊情况下也可使用保留字。

5. C 语言的源程序，通过编译和链接后所生成的文件，有时是不可以脱离 VC++ 或 C-FREE 等编译器而直接被运行。

6. 语句：char str[]={"He is a boy."}，则 strlen(str)的值是 12。

7. 能被 4 整除而不能被 100 整除的年份是闰年。

8. 整数 x 是 2 和 3 的公倍数的 C 语言表达式是(x%2=0)&&(x%3=0)。

9. VC++ 中，中断死循环的键盘操作方法是按 Ctrl+Break 键。

10. 对文本文件进行读写操作时，首先要用 FILE *fp 语句打开。

得分	评卷人

三、写出程序的执行结果或回答问题(5 分 × 5=25 分。答案写到首页的答题区。)

1. 写出下列程序的执行结果。

```
#include<stdio.h>
main(){
    int n, s=0, t=2;
    for(n=1; n<3; n++){
        t=t*n;
        s=s+t;
    }
    printf("%d",s);
    return 0;
}
```

2. 写出下列程序的执行结果。

```
#include<stdio.h>
#define NUM 5
main(){
    int n, a[NUM];
    for(n=0; n<NUM; n++){
        a[n]=n;
    }
    for(n=NUM-1; n>-1; n--){
        printf("%d,", a[n]);
    }
    return 0;
}
```

3. 写出下列程序的执行结果。

```
#include<stdio.h>
```

```
#define M 2
#define N 3
main(){
    int max, i, j, r, c;
    int a[M][N]={{230,9,-100},{30,19,218}};
    max=a[0][0];
    for(i=0; i<M; i++)
        for(j=0; j<N; j++)
            if(a[i][j]>=max){
                max=a[i][j];
                r=i;
                c=j;
            }
    printf("max=%d,row=%d,colum=%d\n", max,r,c);
    return 0;
}
```

4. 阅读下列程序后回答问题。

```
#include<stdio.h>
int y=2;
int calc(int x){
    y++;                    //① y
    return y*x;
}
main(){
    int x,z;
    int y=5;
    scanf("%d", &x);        //② x
    y+=x;                   //③ y
    z=calc(y);              //④ y
    printf("%d", z);        //⑤ z
    return 0;
}
```

试问：当标准输入值为 2 时，①～⑤的值分别是多少？

5. 写出下列程序的执行结果。

```
#include<stdio.h>
main(){
    int i=3, j=4;
    int *p1, *p2, *stmp;
    p1=&i, p2=&j;
    stmp=p1; p1=p2; p2=stmp;
    printf("%d  %d  %d  %d\n", i, j, *p1, *p2);
    return 0;
}
```

答案：

一、(3 分×15=45 分)

1～5　C　A　A　C　B

6～10　D　A　A　C　C

11～15　A　B　C　D　D

二、(3 分×10=30 分)

1. F　2. T　3. T　4. F　5. F　6. T　7. T　8. F　9. F　10. T

三、(5×5 分=25 分)

1. 6

2. 4,3,2,1,0,

3. max=230,row=0,colum=0

4. 3　2　7　7　21

5. 3　4　4　3

附录 F　机试工具——PC2 的安装与使用

1. 服务端的安装使用

1) 安装服务端

(1) 安装 JDK,因为竞赛软件是用 Java 写的,必须工作在 JVM 上。

URL: http://www.ecs.csus.edu/pc2/secret.0923.html

(2) 下载 pc2v85d-p1(即文件夹 pc2v87)软件,并将其直接复制在硬盘上,不需要安装。文件夹内的所有文件如附图 F-1 所示。

附图 F-1　所属文件列表

2）配置环境变量

为了能正常使用竞赛软件，需要添加以下系统环境变量：Java 运行所需的 Path 和 Classpath，pc2v87（竞赛软件）所需的 Path 和 Classpath，裁判机所需的环境变量。对于 Windows 2000/NT/XP 操作系统，右击"我的电脑"，弹出菜单，选择"属性"命令，弹出"系统特性"对话框，再单击对话框中的"高级选项"，然后单击"环境变量"，单击系统环境变量下的"添加"或"编辑"按钮即可进行环境变量的配置。

（1）添加 Java 运行所需的环境变量

编辑或添加 Path 变量，值为"$JAVAHOME/bin"，其中，"$JAVAHOME"表示 JDK 的安装目录，如 JDK 安装目录为 d:\jdk1.5.0，则 Path 变量值为"d:\jdk1.5.0/bin"。如果先前已存在 Path 变量，则新加入的值应用"；"与以前的隔开。

添加 Classpath 变量，值为"$JAVAHOME/lib"。

（2）添加竞赛软件所需环境变量

编辑 Path 变量，值为"$PC2HOME"，"$PC2HOME"表示竞赛软件的安装目录，即 pc2v87 文件夹所在的目录，如 e:\pc2v87。

编辑 Classpath 变量，值为"$PC2HOME"。

（3）添加裁判机所需的环境变量

裁判机上直接编译程序需要指明编译器的工作目录、库及头文件目录。

编辑 Path 变量，值为"$vc98/bin"，"$vc98"表示编译器的安装目录。

添加 lib 变量，值为"$vc98/lib"。

添加 include 变量，值为"$vc98/include"。

以上就是需要配置的所有环境变量。

3）配置服务端软件

竞赛软件的工作模式为 C/S 模式，所以需要告诉各个终端它的服务器的 IP 地址。如果参赛的终端不多（30 台以下），可以只设置一个服务器，如果参赛终端很多，就需要设置多个服务器（最多 4 个），服务器之间也需要相互知道 IP 地址。这些信息都是通过 pc2v8.ini 文件配置的。

（1）单服务器配置

这是最简单的模式，只需要在 pc2v8.ini 文件中给出一个服务器的 IP 地址即可，文件内容如下所示。

```
[client]
debuglevel=13
consolelevel=5
server=192.168.0.50:50002            //服务器 IP 地址
site=Site 1
[server]
debuglevel=13
consolelevel=5
site=Site 1
# remoteServer=192.168.0.52:50002 //此处被注释掉
[team]
```

```
# workdir=c:\work
# workdir=/work
# eof
```

(2) 多服务器配置

对于多服务器要复杂一些，在客户端(即 pc2v8.ini 中的 client 部分)要分别指明它对应的服务器 IP 地址和对应的服务器。而服务器端(即 pc2v8.ini 中的 server 部分)则需要指明它的服务器名以及它远端的其他服务器的 IP 地址。

以双服务器为例，服务器 1 的 IP 地址为 192.168.0.50，服务器 2 的 IP 地址为 192.168.0.52，则连接在服务器 1 的客户端及服务器的配置文件为：

```
[client]
debuglevel=13
consolelevel=5
server=192.168.0.50:50002
site=Site 1
[server]
debuglevel=13
consolelevel=5
site=Site 1
remoteServer=192.168.0.52:50002
[team]
# workdir=c:\work
# workdir=/work
# eof
```

连接在服务器 2 的客户端及服务器的配置文件为：

```
[client]
debuglevel=13
consolelevel=5
server=192.168.0.52:50002
site=Site 2
[server]
debuglevel=13
consolelevel=5
site=Site 2
remoteServer=192.168.0.50:50002
[team]
# workdir=c:\work
# workdir=/work
# eof
```

注：如安装有防火墙，需保证防火墙中开启相应端口，如上面所示的 192.168.0.50：50002，则需保证防火墙中 50002 端口是开启状态。

(3) 设定裁判机的拒绝理由

在 reject.ini 文件中设定

```
Compilation Error
Run-time Error
Time-limit Exceeded
Wrong Answer
Excessive Output
Output Format Error
```

这些是系统默认的 6 种错误,依次是:编译错误,运行错误,运行超时,答案错误,溢出,输出格式错误。如在系统中添加了新的错误,如 Null Pointer Error,则需在 reject.ini 中添加相应错误的名称。

4) 服务端软件的使用

(1) 服务器的启动

在 pc2v87 的目录下执行 pc2server.bat,即可启动服务器。在服务器启动时,会询问是否已有服务器启动,如附图 F-2 所示。

```
C:\WINDOWS\system32\java.exe
Sat Nov 14 11:34:50 CST 2009 main Debug level initially set to 2
Sat Nov 14 11:34:50 CST 2009 main Console level initially set to 2
Sat Nov 14 11:34:50 CST 2009 main Debug level set to 13
Sat Nov 14 11:34:50 CST 2009 main Console level set to 5

Sat Nov 14 11:34:50 CST 2009 main CSUS Programming Contest Control System
Sat Nov 14 11:34:50 CST 2009 main mailto:pc2@ecs.csus.edu
Sat Nov 14 11:34:50 CST 2009 main Version 8.7 20051115 04 (November 15th, 2005 1
1:59pm) Java ver 1.6.0_17 OS: Windows XP 5.1 (x86)
Sat Nov 14 11:34:50 CST 2009 main Java freeMemory   4634640 4634k
Sat Nov 14 11:34:50 CST 2009 main Java totalMemory  5177344 5177k
Sat Nov 14 11:34:50 CST 2009 main Version server 8.7 20051115 03 (November 15th,
 2005 9:40pm) Java ver 1.6.0_17 OS: Windows XP 5.1 (x86)
Sat Nov 14 11:34:50 CST 2009 main Using Configuration: file:/E:/pc2v87/pc2v8.ini


Sat Nov 14 11:34:50 CST 2009 main Creating Server...
Sat Nov 14 11:34:50 CST 2009 main (on 218.194.138.37)
Sat Nov 14 11:34:50 CST 2009 main Binding PC^2 Server to RMI Port=50002
Are there already servers up (Y, N, or Q) ? _
```

附图 F-2 服务器启动选择

对于单服务器回答“N”。对于多服务器应用,第一个启动的服务器回答“N”,以后启动的服务器都回答“Y”。

启动完毕后提示服务器已就绪,如附图 F-3 所示。

服务器运行过程中不可关闭该窗口。

(2) 管理员终端的启动

在 pc2v87 的目录下执行 pc2admin.bat,弹出如附图 F-4 的管理员登录窗口。

可以使用管理员默认的账号“root: root”进入系统,如附图 F-5 所示。

(3) 用户账号的设置

管理员在管理终端上为各类用户建立账号。首先单击 Generate 按钮配置各类用户的数目,如附图 F-6 所示。

然后单击下面的 Load PC^2 Data 导入密码文件,密码文件在盘中 acount 文件夹中,已预先生成了 200 人所需的密码。

```
C:\WINDOWS\system32\java.exe
Sat Nov 14 11:34:50 CST 2009 main Creating Server...
Sat Nov 14 11:34:50 CST 2009 main (on 218.194.138.37)
Sat Nov 14 11:34:50 CST 2009 main Binding PC^2 Server to RMI Port=50002
Are there already servers up (Y, N, or Q) ? n

Sat Nov 14 11:36:40 CST 2009 main Note: Server not contacting remote server (thi
s is a primary server)
Sat Nov 14 11:36:40 CST 2009 main Starting up as the first contest server...
Sat Nov 14 11:36:40 CST 2009 main (Primary) Server succesfully bound, waiting fo
r others to join
Sat Nov 14 11:36:40 CST 2009 main Set SessionId to (1:0:-1)
Sat Nov 14 11:36:40 CST 2009 main Reading existing Run Information, please wait
Sat Nov 14 11:36:40 CST 2009 main Contest time read from config file
Sat Nov 14 11:36:40 CST 2009 main Contest is not running, Elapsed time: 00:00:00

Sat Nov 14 11:36:40 CST 2009 main Starting Server using .ini setting: Site 1
Sat Nov 14 11:36:40 CST 2009 Thread-1 Server.addServer() already added server 1
Sat Nov 14 11:36:40 CST 2009 main Server.addServer() already added server 1
Sat Nov 14 11:36:40 CST 2009 main Contest time read from config file
Sat Nov 14 11:36:40 CST 2009 main Contest is not running, Elapsed time: 00:00:00


Sat Nov 14 11:36:40 CST 2009 main Server at site "Site 1" is ready. (id=1)
```

附图 F-3 服务器准备就绪

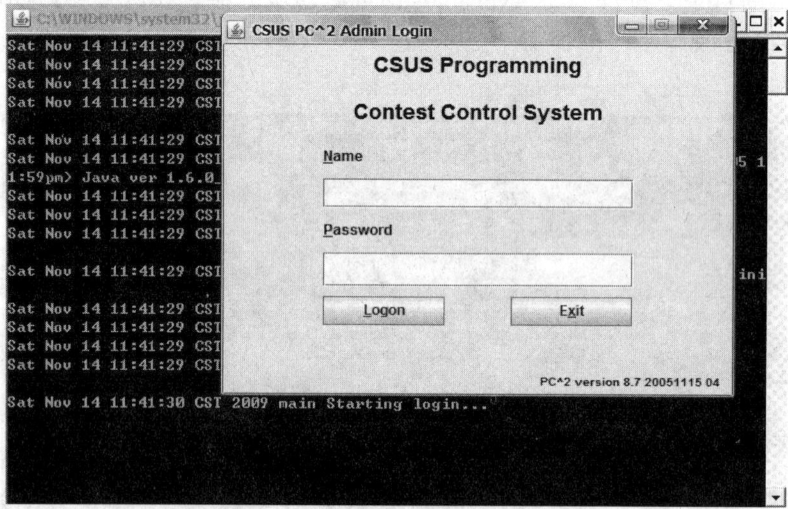

附图 F-4 管理员登录

PC^2 Administrator - root (Site 1)

Exit

Time/Reset | Team Status | Runs | Clars | Reports | Remote | Judgements

Accounts | Problems | Languages | Options | Sites

View Logins

Manage Accounts

Account Type

Team

Generate

Import ICPC Data

Load PC^2 Data

Account	Display Name	Active	Regio...
team1	ATeam1	True	0
team2	ATeam2	True	0
team3	ATeam3	True	0
team4	ATeam4	True	0
team5	ATeam5	True	0
team6	ATeam6	True	0
team7	ATeam7	True	0
team8	ATeam8	True	0
team9	ATeam9	True	0
team10	ATeam10	True	0

Logoff

Edit

附图 F-5 系统功能菜单

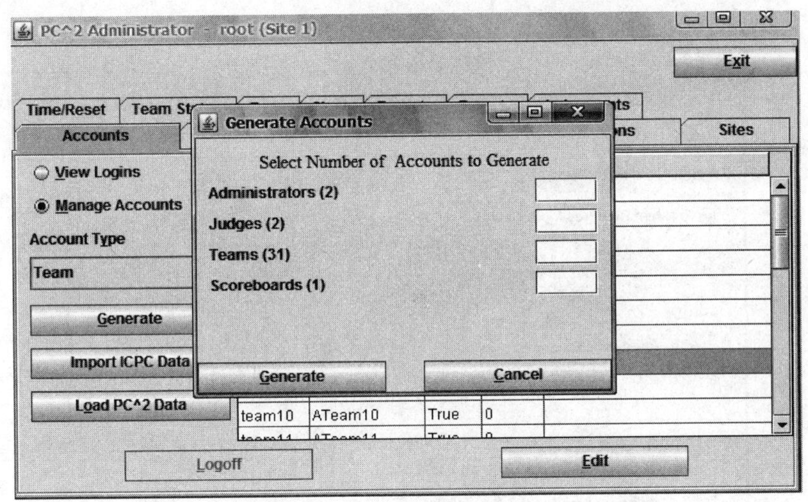

附图 F-6　用户数目设置

对于参赛队客户端，需要区分"account"和"displayname"的区别，前者是登录账号，与某个 Server 对应。后者是参赛队的队标识，记分将以此为准。特别说明，对于多服务器，需要为各个队给一个唯一的"displayname"。建议以各 Server 为单位，逐个组增加"displayname"。如有两个服务器，各服务器有 30 个 team，则第一个 Server 上的 team 的 displayname 为 team1～team30，然后再进行第二个 Server 的用户配置，第二个 Server 上的 team 的 displayname 为 team31～team60。

Edit 按钮可以编辑各类用户的用户名和密码。

(4) 机试试题的设定

在管理终端的 Problem 选项中可以添加机试试题，单击 Add 按钮弹出如附图 F-7 所示窗口，填入相关信息即可。

在管理终端上设置机试试题，需要强调的是需要选择自动比对以及输入文件。并且需要在试题中指明输入文件名，文件名与裁判样本文件名相同。所有输出文件均为 estdout. pc2。而且输出文件要求使用相对路径。

特别强调：

① 试题裁判文件不能使用 estdout. pc2；

② 不能在提交的源程序中含有与结果无关的输出信息，如提示信息的输出：

```
printf(…);
```

③ 源程序中输入文件采用相对路径；

④ 问题名称不能使用中文。

(5) 编译环境的设定

这是非常重要的环节，需要在 Language 选项指定语言的编译命令，如 VC 6.0 的是"cl"，如附图 F-8 所示。

也可以使用自动配置，只需在 Auto Populate with 中选择相应的编译环境即可。

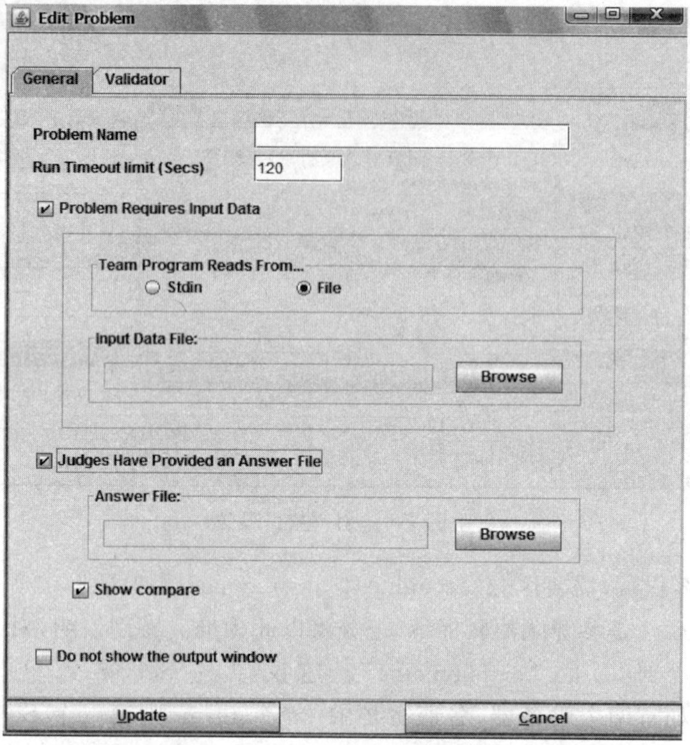

附图 F-7　考试题目数量设置

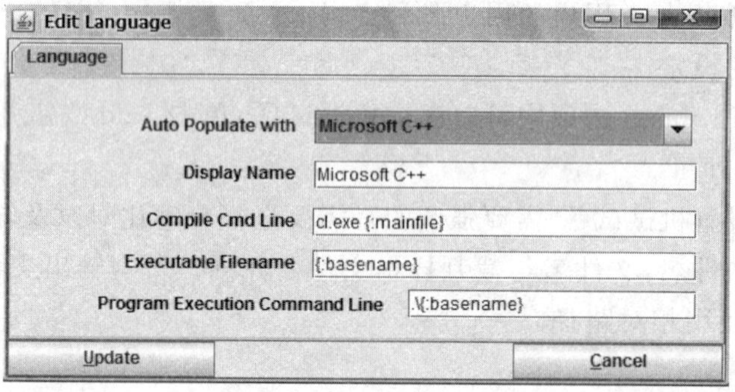

附图 F-8　编译器选择

(6) 机试时间的设定

在 Time/Reset 选项中对机试时间进行设定，如附图 F-9 所示。

Set Contest Time：设置机试时间。

Start/Stop Contest Time：开始/暂停机试。

Start/Stop All Sites：开始/停止所有服务器。

Reset Site：重启服务器。

(7) 其他相关选项

Team Status 选项可以查看当前各参赛队的登入情况，如附图 F-10 所示。

Sites 选项可以查看当前所有服务器的运行状况，如附图 F-11 所示。

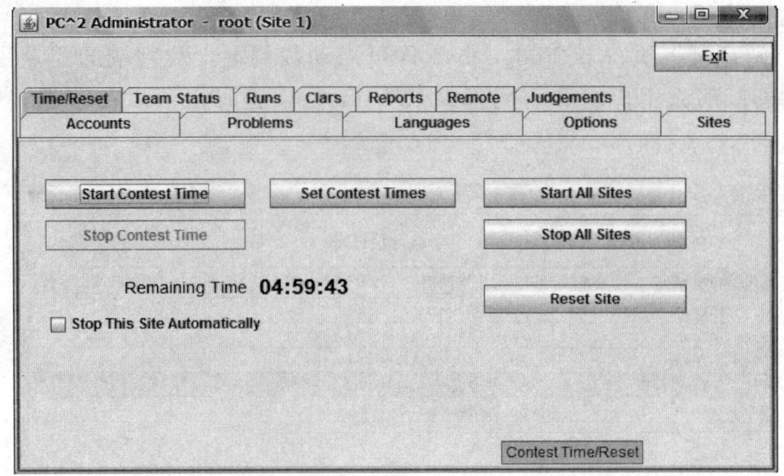

附图 F-9　机试时间设置

附图 F-10　应试者查看

Sites	Active	IP or Host
Site 1	Yes	218.194.138.37:1776
Site 2	No	
Site 3	No	
Site 4	No	

附图 F-11　系统运行状况

5）裁判端的使用

在 pc2v87 的目录下执行 pc2judge.bat，即可启动裁判端。裁判端的登录用户名和密码相同，比如 judge1，那么用户名和密码都默认为 judge1，密码也可以在管理端中编辑，如附图 F-12 所示。

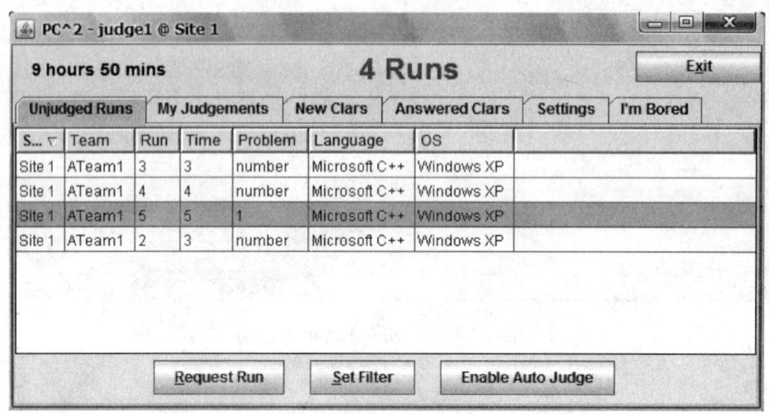

附图 F-12　评分系统

裁判端界面如附图 F-12 所示，双击参赛队提交的源程序则弹出如附图 F-13 所示的裁判界面。

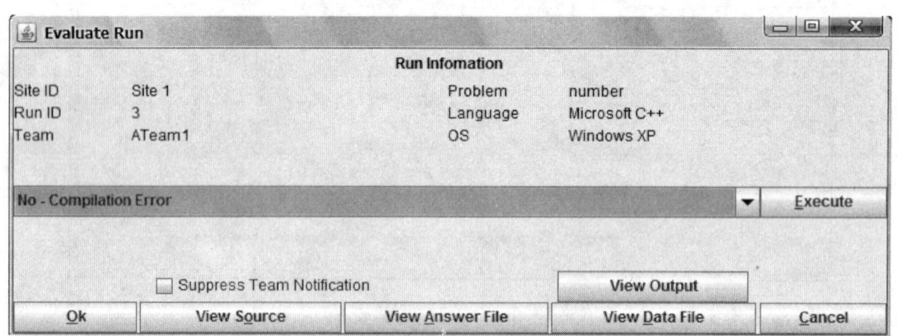

附图 F-13　评分比较

几个 View 选项可以查看提交源程序的运行结果及相关信息，在下拉菜单中手动选择相应的错误或正确信息，单击 Ok 按钮就可将信息返回给参赛队。

在机试中由于人数较多，一般使用自动裁判。单击裁判端界面下方的 Enable Auto Judge Settings 按钮可以打开自动裁判，如附图 F-14 所示。

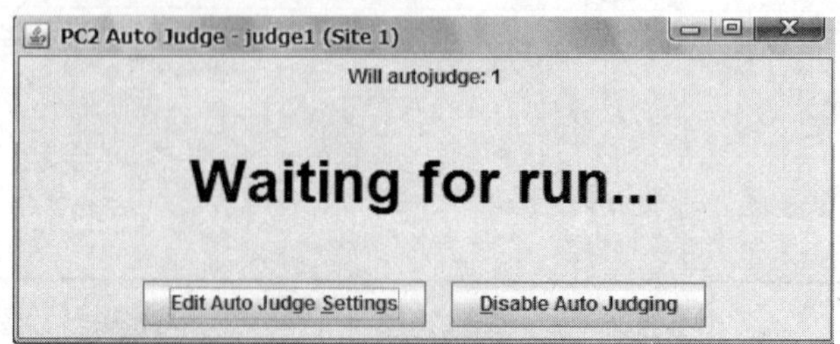

附图 F-14　进入自动评分前等待提示

单击 Edit 按钮,在出现的对话框中添加需要自动判断的题目,单击 Update 按钮就开启了自动裁判,如附图 F-15 所示。若要退出自动裁判,只需单击 Disable 按钮即可。

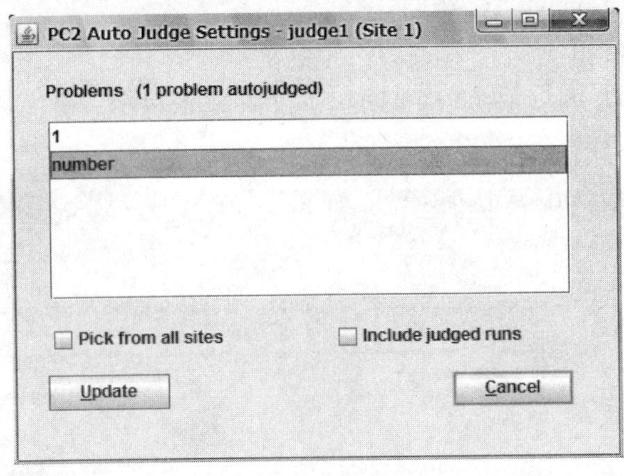

附图 F-15　自动评分

6）记分牌的使用

在 pc2v87 的目录下执行 pc2board. bat,即可启动裁判端。裁判端的登录用户名和密码相同,比如 board1,那么用户名和密码都默认为 board1,密码也可以在管理端中编辑。

在 html 文件夹存有记分牌上的相关信息,并随裁判端实时更新,如附图 F-16 所示。

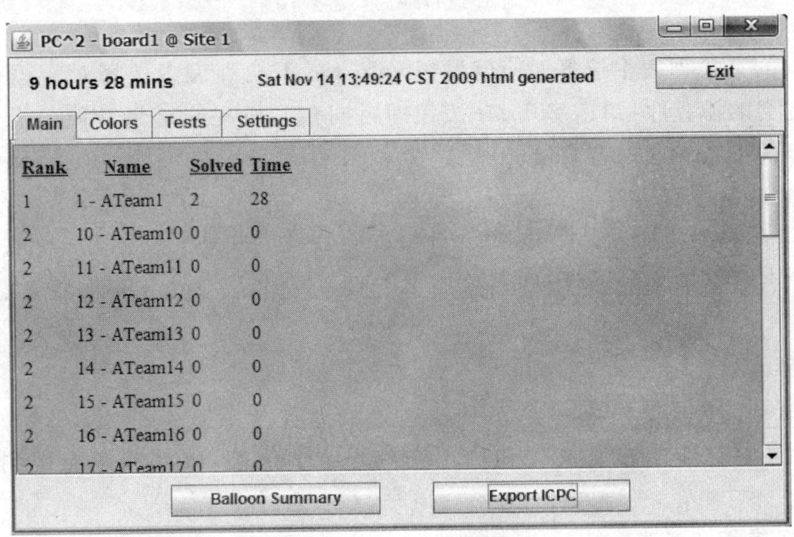

附图 F-16　评分结果

2. 客户端的安装使用

1）安装客户端

方法和服务端安装相同,只需要把文件夹 pc2v87 中名字为 pc2server、pc2admin、pc2board、pc2judge 的文件删除即可。

2）配置环境变量

方法和服务端相同,只是不需要配置裁判端所需的环境变量。

3）配置客户端软件

客户端的 pc2v8. ini 与其所属的服务端的 pc2v8. ini 相同，如属于服务器 1 的客户端 pc2v8. ini 和服务器 1 的 pc2v8. ini 相同。

4）客户端软件的使用

在 pc2v87 的目录下执行 pc2team. bat，即可启动客户端。客户端的界面如附图 F-17 所示。

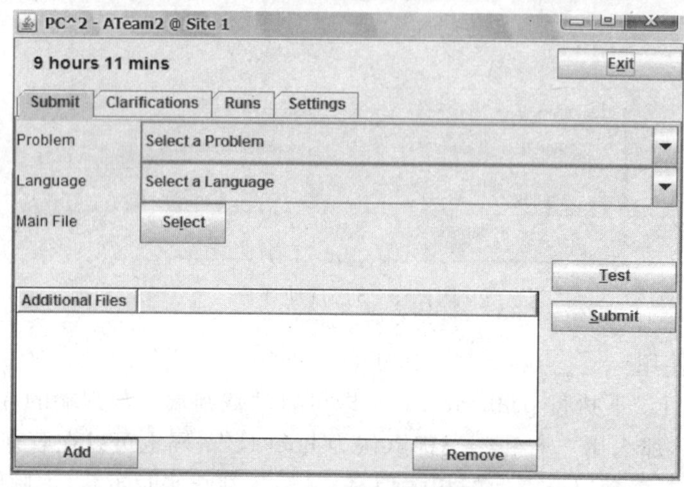

附图 F-17　启动客户端

在 Problem 下拉列表中选择对应问题，Language 下拉列表中选择对应语言，Main File 中选择对应提交的源程序，单击 Submit 按钮即可向裁判机提交结果。裁判机处理后，会将结果以弹出框的形式发送回客户端。

3. 需赛前准备的事项

1）服务器用户的生成

特别强调各个队名的唯一性，即当采用多个服务器时，需要设定不同服务器上的队名要不同。

2）编译环境的设定

3）机试试题的设定

特别强调机试试题的输入文件和输出文件一定要准确，因此最好能用测试程序进行测试。

4）各类终端登录测试

特别强调网络的故障是导致不能正常登录的最大原因。

5）机试前进行模拟测试

4. 补充说明——服务端装题与客户端作答的详细过程

1)服务端装题过程

如上面所讲登入服务端，单击 Problems 标签进入如附图 F-18 所示装题界面。

下面的 Add 按钮用于添加试题，Edit 按钮用于对已添加的试题进行更改。单击 Add/Edit 按钮进入如附图 F-19 所示界面。

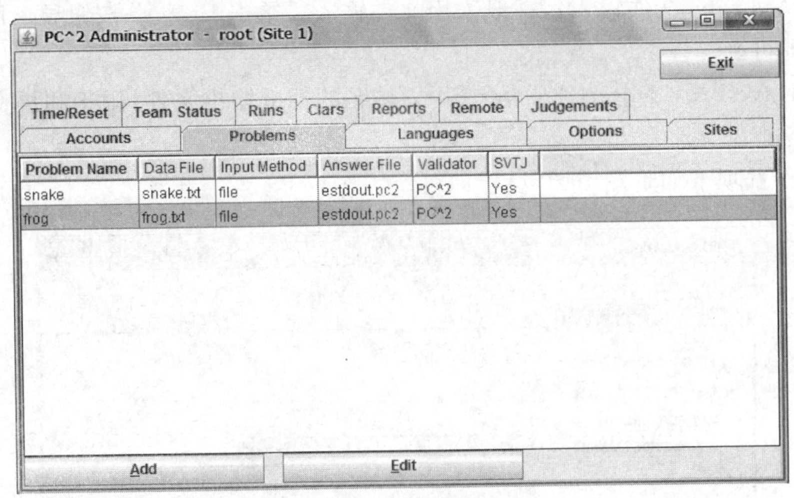

附图 F-18　试题添加

附图 F-19　更改添加试题

Problem Name：填入试题名称，最好使用英文命名。

Run Timeout limit(Secs)：裁判机比对时运行的时间设置，这是对于某一些造成死循环的程序所采取的预防机制。过了限制时间后，裁判机所显示的程序运行时间将变为红色，此时裁判可暂停程序运行并返回错误 Time-limit Exceeded，若使用自动裁判时，将直接返回错误 Time-limit Exceeded。具体的时间可视程序及计算机配置自行设置。

Problem Requires Input Data：试题的输入文件，下面单选框的两个选项分别是 Stdin

(控制台输入)和File(文件输入),一般采用文件输入。单击Browse按钮导入用于测试程序的输入文件即可。

Judges Have Provided an Answer File：试题的标准输出文件,用于和提交程序的输出进行比对。

Validator选项卡如附图F-20设置即可。

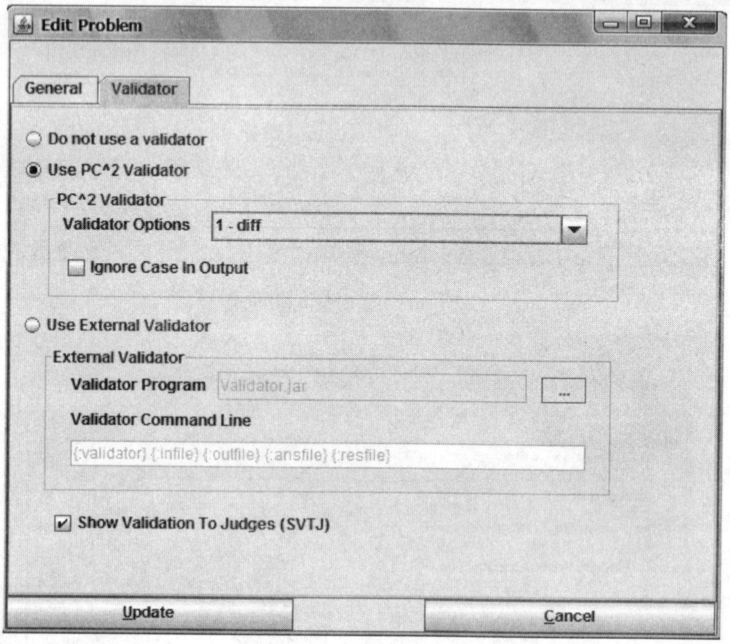

附图 F-20　验证设置

这里以附图F-20中装入的试题snake为例,简单介绍裁判机的工作原理：裁判机在接到客户端上传的cpp程序文件后,运行程序读入装题时上面导入的输入文件snake.txt,产生运行结果estdout.pc2并与装题时导入的输出文件estdout.pc2进行比对,一致则此题判为正确。所以要求学生编写程序时进行严格的输入和输出,从文件读取输入并将结果输出为文件,文件的命名也必须和装题时一致,这个题学生编写程序读入的输入文件必须是snake.txt,输出文件必须是estdout.pc。由于裁判机只比对最后的输出文件,因此装题时导入的标准输入文件需要考虑一些特殊情况,并且学生提交的程序中不能有额外的输出。学生提交的程序中输入文件需采用相对路径。注意输入文件和输出文件不能同名。

2）客户端作答过程

如上面所讲登入客户端,界面如附图F-21所示。

学生做好程序后,在Problem选项中选择对应的问题,Language选项中选择对应的编程语言,单击Select按钮将写好的cpp文件导入,单击下面的Submit按钮即可提交程序给裁判机。Test则是做本机测试。

单击Clarifications项签可以进入如附图F-22所示聊天界面。

View Clar用于查看已有的clar,Request Clar用于向裁判提交clar,可以就对应问题提出自己的疑问,如附图F-23所示。

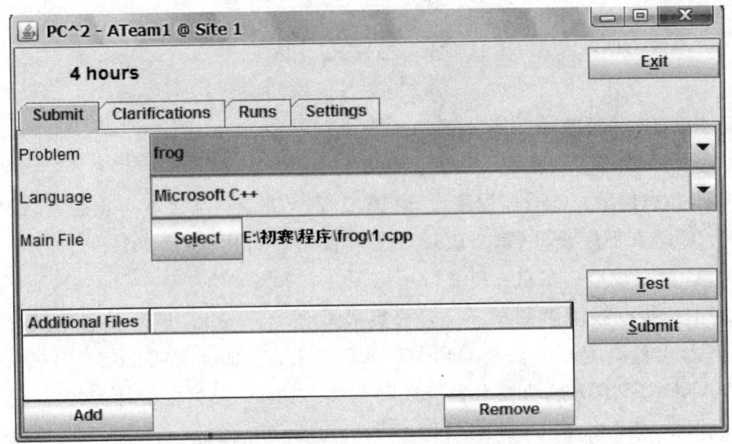

附图 F-21　客户端答题设置

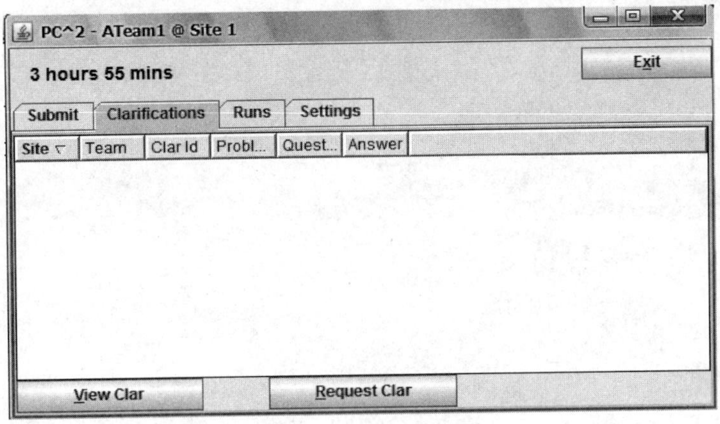

附图 F-22　说明界面

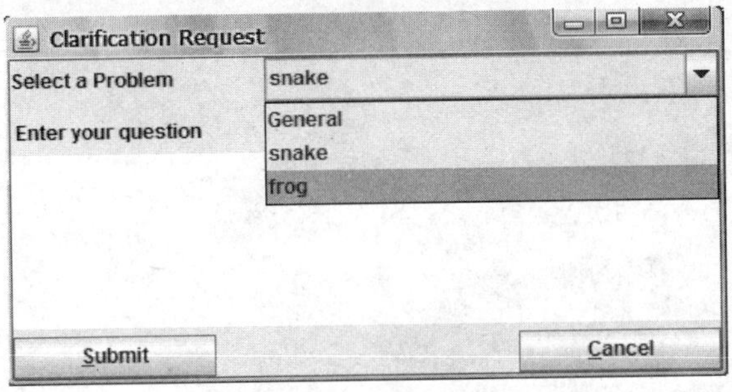

附图 F-23　提出异议界面

单击 Runs 标签可以看到自己目前的提交情况和裁判机的回复，单击 Settings 标签可以更改自己的登录密码。

参考文献

[1] 谭浩强. C程序设计(第四版). 北京：清华大学出版社,2013.
[2] 吴绍要. C语言程序设计案例教程. 北京：清华大学出版社,2010.
[3] 苏小红,王宇颖,孙志岗等. C语言程序设计(第二版). 北京：高等教育出版社,2014.
[4] 何钦铭,颜晖. C语言程序设计(第二版). 北京：高等教育出版社,2012.
[5] SAKASHITA. C语言攻略. 东京：和清行星出版社,2007.
[6] TAKADA. 基本情报动技术者测试——轻松突破C语言. 东京：昭和信息出版社,2009.
[7] SESSAME. 嵌入式C语言——从基础到彻底入门. 东京：加藤文明出版社,2008.
[8] OTAKE MIYAKO. 基本情报动技术者极选问题集. 东京：三美出版社;2002.
[9] Brian W Kernighan,Dennis M Ritchie. The C Programming Language. 北京：机械工业出版社,2007.
[10] Herbert Schildt. C语言大全(第二版). 载健鹏译. 北京：电子工业出版社,1994.